LE DON DE SOI

MARIE BERRY

LE DON DE SOI

Michel Lafon

7-13, boulevard Paul-Émile Victor - Île de la Jatte
92521 Neuilly-sur-Seine Cedex

À tous les malades qui souffrent...

Nous n'arrivons pas à changer les choses
selon notre désir,
mais peu à peu c'est notre désir qui change.

Marcel PROUST

PRÉFACE

de Richard Berry

« Quiconque s'attache à écouter la réponse des enfants est un esprit révolutionnaire », disait Françoise Dolto.

Marie et moi avons vécu la même enfance. Ensemble, les mêmes joies, les mêmes souvenirs, les mêmes traumatismes. Nous avons appris avec le temps à écouter les réponses des enfants que nous avons été, que nous sommes encore.

Nous avons appris aussi, avec le recul, que la parole est plus nécessaire que les baisers, les cris ou les tapes.

Pourtant, sans rien dire, dans la pudeur de notre amour de frère et sœur, j'ai toujours communiqué avec elle. J'ai ressenti ses souffrances, ses douleurs étaient les miennes, ses éclats de rire dans le silence complice de nos jeux de mime.

J'ai toujours su qu'elle était « différente », tour à tour grave, fragile, douce et frivole.

J'ai toujours su qu'elle avait besoin de moi pour la protéger des défaillances de son corps. Quand nous étions enfants, je savais qu'elle survivait, que la bataille contre la maladie avait déjà commencé. Je *devais* la protéger. Je la sentais vulnérable, il fallait donc que je sois fort. Pas le choix. Les rôles ont été distribués comme cela. Elle serait « la malade », je serais « le bien portant ».

Quand elle pleurait de douleur ou de désespoir, je devais la faire rire coûte que coûte. Condamné au succès. Elle a été mon premier public.

J'ai toujours su qu'elle n'entendait pas mais qu'elle comprenait au-delà des mots. Marie entend avec ses yeux, elle lit sur les lèvres et les cœurs. Il suffit d'un regard, un signe, un geste pour dire et se comprendre. Nous avons été élevés ainsi, dans le silence de cette complice solidarité face à la fatalité de cette maladie dévastatrice. C'était notre secret.

Pourquoi elle et pas moi ? Pourquoi cette injuste répartition des gènes l'a-t-elle détruite, lentement, inexorablement ? Je ne peux pas me résoudre à l'accepter, subir, impuissant. Je la portais sur mon dos quand elle ne pouvait plus marcher, étouffée par le sang qui l'empoisonnait. Je voulais qu'elle participe à la vie, qu'elle ait sa part de jeunesse insouciante. Je voulais l'entendre rire, aussi, et rire avec elle.

Ma sœur, mon amie. La peur de la mort a envahi notre famille comme un raz de marée dévaste une ville, nous n'étions pas préparés mais nous avons résisté. Marie a résisté.

Le 14 décembre 1970, ma mère lui a donné un de ses reins. Je ne me souviens pas d'avoir entendu maman se plaindre ou manifester une quelconque inquiétude. C'était une évidence, simple, lui donner un rein comme elle lui avait donné la vie. Pas de mots superflus, des actes. Nous avons été élevés dans la rigueur de cette dignité, fuyant le misérabilisme et le pathos. Nos parents nous ont montré l'exemple. Je les ai toujours vus gais, travailleurs, responsables, pudiques, n'infligeant à personne le poids de leurs angoisses ou de leur désarroi. Ils ont veillé sur Marie toute leur vie, discrètement, humblement, sans rien dire, ils étaient là quand elle avait besoin d'eux, souvent...

Mon frère Philippe et moi-même, nous avons essayé de suivre cet exemple.

Quand le rein de maman s'est mis en rejet, il y a trois ans, nous avons tous les deux proposé de lui donner le nôtre, avec la même évidence naturelle.

Il n'y avait pas d'autres choix pour sa survie. La greffe ou la mort lente en dialyse.

Rien d'héroïque, simplement poser le seul acte qui puisse la sauver.

Le héros, c'est elle. Ce sont tous ceux qui souffrent de ces maladies mortelles et qui attendent désespérément d'être sauvés par un don d'organe.

Marie, la silencieuse, prend désormais la parole. Elle doit dire son histoire, elle doit donner aux autres ce qu'elle a reçu, ses faiblesses et sa force. Un hymne à la vie, à l'amour.

R. B.

AVANT-PROPOS

Nous sommes tous concernés par la maladie. De près ou de loin, maintenant ou demain, ponctuellement ou pour toujours. Elle nous guette tout au long de notre vie ; et nous en avons peur.

Moi, je suis née avec.

Le syndrome d'Alport était présent dans mes gènes, au même titre que la couleur de mes yeux ou le brun de mes cheveux. Il a progressivement empêché mes reins de faire leur travail : filtrer et purifier le sang. Il m'a rendue presque sourde à l'adolescence. Pour mes dix-sept ans, il s'est imposé avec tant de force qu'on a dû me greffer le rein de ma mère. Mais les problèmes ne se sont pas arrêtés là, même si grâce à son geste, j'ai vécu trente-trois ans.

Aujourd'hui, à cinquante-trois ans, après deux années de souffrance et d'attente, j'ai reçu un nouveau rein. Celui de Richard, mon frère.

Une autre vie m'est ainsi donnée et j'éprouve un sentiment de gratitude profond : j'ai eu, par deux fois, la chance qu'un être proche m'offre une partie de lui. Ce n'est malheureusement pas le cas de tous les patients en attente d'une greffe, et c'est à eux que je pense en écrivant.

Le propos de ce livre va peut-être paraître ambitieux, mais il s'impose à moi comme un devoir.

Je voudrais faire comprendre que derrière l'extrême fragilité des grands malades se cachent des trésors de ressources et de force infinis. Aider, en racontant mon histoire, celles et ceux qui sont aux prises avec de graves épreuves de santé. Leur faire partager mon expérience personnelle du monde médical et de ses codes, leur expliquer les lourdes et inévitables démarches qu'ils vont rencontrer. Je le ferai en évoquant mes remèdes au chagrin, mes joies, mes espoirs, tout ce qui m'a aidée à me reconstruire. Sans oublier une pensée tendre pour tous ceux qui m'ont donné leur amour, leur compétence, et leur temps. Leur rendre hommage, aujourd'hui, m'est indispensable.

Par ailleurs, et c'est devenu l'une de mes priorités, je souhaite attirer l'attention du plus grand nombre sur l'importance de militer pour le don d'organes et encourager les donneurs en leur conseillant de prendre les dispositions qui s'imposent – carte de donneur ou testament – et de signifier à leur entourage proche leur volonté de faire don de leurs organes en cas d'accident.

J'aimerais aussi rassurer les donneurs « vivants » avec deux exemples : celui de ma mère, encore radieuse trente-cinq ans après l'opération, et celui de mon frère qui, trois mois après l'intervention, jouait dans un grand théâtre parisien. Leur geste d'amour ne les empêche pas de mener une vie normale. De plus, mon frère Richard, tout comme moi, s'est engagé à encourager le don d'organes.

J'apparaîtrai, sans doute, un peu critique parfois envers le monde hospitalier, mais jamais ingrate. Je suis vivante grâce aux progrès considérables de la recherche, de la médecine, de la chirurgie, et grâce au talent du personnel hospitalier en France, de l'aide soignant au grand patron. Néanmoins, un médecin reste un homme, et certains exercent leur métier avec un sens humain plus prononcé que d'autres, et je les préfère.

Quant au malade qui subit ce que j'ai enduré si longtemps et par étapes successives, mon rôle auprès de lui est un peu celui d'une grande sœur qui le tiendrait par la main et lui dirait : « Apprends à gérer ta peur, cela te sera utile pour te battre, pour ne jamais désespérer et pour guérir. »

Cela se passait un peu ainsi lorsque Richard et moi étions enfants. Lorsque, grand frère, il veillait sur moi de toute son attention, de tout son cœur.

Aujourd'hui encore, je sens sa main chaude dans la mienne.

Et je suis rassurée.

– PREMIÈRE VIE –

« Je suis né dans un monde qui commençait à ne plus vouloir entendre parler de la mort et qui est aujourd'hui parvenu à ses fins, sans comprendre qu'il s'est du coup condamné à ne plus entendre parler de la grâce. »

Christian BOBIN, *La Présence pure*

– I –

ENSEMBLE, ENFANTS...

Ma main dans la sienne, nous descendons les marches. Des marches hautes comme des montagnes pour mes deux ans et demi. Cage d'escalier étroite, vieillotte, rampe de bois blanchi, moisi. Seul accès possible à l'appartement petit et vétuste où nous logeons, dans ce pavillon de banlieue parisienne, à Maisons-Alfort.

– Vite, me murmure Richard dans un souffle.

– Veux voir papa...

Ma phrase est aussitôt coupée d'une voix incroyablement autoritaire pour un petit garçon de quatre ans, même s'il parle tout bas.

– Tais-toi et avance !

Nous continuons notre descente et je m'en remets entièrement à mon frère. Cela ne m'empêche pas de ressentir, très fort, cette angoisse qui s'est emparée de lui soudainement.

Comment pourrais-je imaginer que, des années plus tard, au cœur d'une peur bien plus grande, face à un danger mortel, je ressentirais aussi puissamment, une nouvelle fois, l'angoisse de mon grand frère ?

Mais pour l'heure, qu'a-t-il aperçu qui l'ait fait réagir si fortement, au point de m'entraîner dans cette fuite silencieuse en dehors de la maison ?

Plus tard Richard m'a raconté qu'il avait entendu un étrange bruit, une sorte de cliquetis qui l'avait intrigué – toujours curieux, Richard ! – et qu'il avait été jeter un coup d'œil discret derrière la porte de la chambre entrouverte.

Il a juste eu le temps de voir Augustine, la nounou chargée de nous garder, dérober les quelques malheureux bijoux de maman en les enfouissant dans ses énormes poches. Bouche bée, il l'a regardée décamper par une autre porte. Sa présence n'a pas été repérée, tant l'action a été menée rapidement. À peine la nourrice partie, Richard, sans un mot, m'a pris la main, et nous a conduits vers l'escalier. Qu'a-t-il imaginé ? Que des complices allaient surgir et nous enlever ? Que la méchante femme pouvait revenir et nous battre, ou nous tordre le cou ? On ne peut pas savoir ce qui se passe dans la tête d'un enfant, mais celui-ci, mon frère, possédait déjà deux qualités : une belle imagination et le sens des responsabilités.

Dans mon souvenir, je nous revois devant la porte de la concierge.

– Que faites-vous là, les enfants ?

Elle se montre inquiète devant le tandem attendrissant que nous devons former.

– On a peur ! dit Richard.

– Et pourquoi donc, mon bonhomme ?

– Augustine est partie. On est tout seuls.

Un minimum de phrases, pas d'accusation, pas de drame. Juste ce qu'il faut pour être compris, pour être efficace... Tel sera mon frère dans les moments difficiles. Trait de caractère que j'admire, mais qui parfois me laisse comme un désert en attente de mots !

Sans d'autre commentaire, la gardienne nous installe gentiment dans un coin, avec ordre d'être sages, en attendant que nos parents reviennent. Elle dit juste : « Par chance, nous sommes vendredi. »

Vendredi, demain, dans un mois, dans un an... Ces mots ne signifient rien pour un jeune enfant, seul l'instant que nous vivions était important pour mon frère et moi : comment comprendre l'absence des parents à cet âge-là ?

Richard a saisi que leur retour était imminent et me murmure doucement à l'oreille :

– Papa et maman arrivent...

L'attente, l'ennui, le sentiment d'abandon se répètent souvent dans mon souvenir. Je m'entends encore demander inlassablement à mon frère :

– Quand papa et maman vont revenir ?

– À la fin de la semaine.

– C'est quoi, une semaine ?

– Tais-toi et mange !

Et pourtant mes parents prenaient chaque fois un soin infini pour nous rassurer tendrement.

– Papa et maman vont travailler, annonçait mon père en se penchant vers moi. Alors vous allez rester bien tranquilles avec... (peu importe le prénom de la nounou, on en a plusieurs fois changé) et lui obéir en toutes circonstances. Vous avez compris, les enfants ?

Je hochais la tête.

– Et toi, reprenait papa en regardant son fils dans les yeux, tu fais bien attention à ta sœur.

Faire attention à moi ! Depuis ma naissance – dix-huit mois après la sienne –, Richard a accepté ce rôle si lourd de fils aîné : « Tu veilleras sur ta sœur ! » Sans rechigner, ne serait-ce qu'une seconde, il répondait gentiment :

– Oui, ne vous inquiétez pas...

Et il veillait sur moi, très loin de ces enfants souvent exaspérés par la présence imposée d'un plus petit qu'eux et qui lâchent, agacés :

– Laisse-moi tranquille, va t'occuper de tes poupées, j'ai envie de m'amuser avec mes copains !

Lui, jamais il ne me chassait et je sentais que jamais il ne le ferait ! Même pour rire. J'étais sa jumelle, son double, son alter ego, une donnée de son existence. Il était et il est resté mon jumeau, mon alter ego, et une donnée désormais encore plus essentielle de mon existence.

Aujourd'hui, des années plus tard, je réfléchis et je me dis : quelle cruauté de priver ainsi un enfant de sa liberté, de son insouciance... De créer le lien du devoir, si tôt... Les liens de l'amour ? Des liens légers devraient suffire ! Ne devrions-nous pas, nous, les parents, nous, les adultes, y songer plus souvent ?

Mais j'étais née sous le signe de l'attente, et notre destin, sans doute, était déjà scellé dans cette attente-là...

Dans cette période de petite enfance, je me tiens toujours derrière mon frère, au plus près. C'est souvent lui qui parle pour moi, car je me lie difficilement. C'est lui qui sait. C'est lui qui fait. C'est aussi lui qui me protège. Et moi qui le regarde avec toute l'admiration de la Terre. Moi qui l'adore. Ensemble, très jeunes, nous avons appris à faire front devant l'adversité. Soudés contre notre ennemi invisible, à cette époque : l'activité professionnelle de papa et maman, la cause de ces séparations qui nous tourmentent.

Malheureusement, il n'y a pas d'autre solution. Nous ne sommes pas riches, loin de là. Et si nous ne manquons de rien, c'est au prix, justement, du travail de nos parents.

En fait je me suis construite derrière mon frère, grâce à mon frère. Plus tard, bien plus tard, j'ai vécu en essayant de trouver mon identité et ma liberté. Je suppose que Richard, de son côté, a dû mener un combat aussi difficile pour m'oublier un peu, mais ma maladie l'en a immanquablement empêché.

Toutes nos vies dépendent de notre enfance.

*
* *

Nos parents ? Stella et Maurice !

Maurice a vécu à Oran jusqu'en 1943. Son apprentissage à peine terminé dans le salon de coiffure de ses frères, il est mobilisé à l'âge de dix-huit ans, tout de suite après le débarquement allié. Il fait partie du corps expéditionnaire français : campagnes d'Italie, de France et d'Allemagne. Trois années sous l'uniforme... Combats sanglants, notamment à Montecassino, dont le souvenir est toujours resté douloureux pour lui, comme pour tant d'autres hommes.

Démobilisé en 1945, papa décide de s'installer définitivement à Paris. Seulement les opportunités d'emploi sont rares au sortir de la guerre et il lui paraît vite difficile d'être embauché dans un salon de coiffure sans référence parisienne.

– Mais j'ai travaillé dans le salon de mon frère, à Oran !

– Quand ?

– Il y a trois ans, avant la guerre...

– Nous, ce qui nous intéresse, ce sont des références récentes, et ici ! En France !

Après un bon nombre de tentatives infructueuses, notre père comprend qu'il va devoir changer son fusil d'épaule.

Il demande à un ami de l'introduire dans le milieu des agents de change. Il est tout de suite engagé.

Dans la maison concurrente travaille Stella, une jeune Parisienne dont la famille, originaire d'Algérie, est venue en métropole en 1920. Elle va tous les jours déjeuner sur les grands boulevards près de la Bourse.

Maman a vécu la guerre d'une autre façon : port obligatoire de l'étoile jaune, journées passées à se cacher, dénonciation par des voisins, fuite miraculeuse, survie grâce à l'aide de paysans d'un petit village de Mayenne, qui ont hébergé et caché toute sa famille jusqu'à la fin de l'Occupation.

Sans doute l'incroyable générosité de ma mère est-elle née en Mayenne. J'aime le croire.

La vie m'a appris qu'il y a des « Justes », quelles que soient la race ou la religion : ce sont eux, mes amis !

Un ami présente Maurice à Stella : coup de foudre ! Ils ont des cousins en commun, les mêmes habitudes et découvrent une coïncidence amusante :

– Vous êtes combien d'enfants, dans la famille ? demande papa à maman.

– Huit ! J'ai cinq sœurs et deux frères, annonce-t-elle fièrement.

– Alors là, c'est trop fort ! Nous aussi, nous sommes huit, et j'ai cinq frères et deux sœurs !

Très vite, mon père se sent comme un poisson dans l'eau dans l'ambiance algéroise qu'il retrouve auprès de sa Stella. Les apéritifs, nombreux, se prolongent souvent en dîners copieux dans une atmosphère chaleureuse. Désormais, il ne se sent plus seul, il a retrouvé ses racines avec cette jolie jeune femme au tempérament de feu, au dynamisme impressionnant. Quant à maman, elle ne jure plus que par le beau Maurice aux yeux en amande, au regard doux, à la prestance et au charme infinis. Elle sait qu'il lui faudra être vigilante pour le garder mais qu'importe, elle est amoureuse...

Ils se marieront en 1948.

Très vite, un projet commun apparaît. Une connaissance parle au couple de l'opportunité de vendre des trousseaux de linge de maison : serviettes, nappes et draps.

– Pourquoi ne vous lanceriez-vous pas ? Nous sommes déjà une petite bande, c'est une nouvelle activité qui semble rentable assez rapidement.

Mes parents, avisés, investissent alors leurs petites économies dans l'achat de marchandises directement chez les fabricants, ils évitent ainsi tout intermédiaire et montent leur propre affaire... Déterminés, ils ne doutent pas de leur réussite, et comme tant de jeunes couples à cette époque difficile d'après-guerre, ils sont prêts à beaucoup de sacrifices pour avoir droit, eux aussi, à « une petite place au soleil ».

Deux heureux événements successifs arrivent « normalement » dans leur vie. En juillet 1950, naissance difficile de Richard, à l'hôpital. Maman se jure que la prochaine fois, elle accouchera à la maison. C'est ainsi que je viens au monde, en février 1952, entre une sage-femme et ma grand-mère maternelle, après un accouchement encore plus long et périlleux que le premier.

Maman avait voulu fuir l'hôpital avec moi... Elle ne se doutait pas que plus tard nous y passerions tant d'années ensemble !

*

* *

Qui aurait imaginé, dans l'univers d'une famille heureuse et banale, qu'allait survenir un ennemi sournois, décidant de nos destins, le *syndrome d'Alport* ?

Un jour, maman s'aperçoit qu'il y des taches brunes dans mes couches. Elle s'en inquiète immédiatement et en parle à un cousin médecin. Celui-ci la rassure à moitié : « Attendons : surveillez sa croissance et son audition, plus tard il faudra peut-être faire des examens approfondis. »

Je n'ai pas l'air malade, le médecin ne donne pas plus de précisions. Mes parents décident de se montrer vigilants et... optimistes.

De toute façon, à cette époque, le syndrome n'a pas encore été totalement identifié par la recherche médicale et, par voie de conséquence, aucun traitement ne peut être envisagé. Il faudra attendre encore quelques années pour que la transplantation et un protocole thérapeutique (immuno-suppresseur[1] et corticoïde) soient mis au point. Les premières dialyses, elles, n'apparaîtront qu'en 1960. Quant à la greffe du rein salvatrice, je suis triste aujourd'hui de penser qu'un bébé qui naît en 2005 avec cette maladie connaîtra une attente douloureuse, voire hypothétique, faute de donneur...

*

* *

Tous les lundis, les parents nous confient à une nourrice, trouvée au hasard des rencontres, plus ou moins bien disposée à notre égard, et partent sillonner les routes de France pendant le restant de la semaine. Ils chargent la voiture au petit matin et, de porte en porte, de client en client, de région en région, ils vendent leurs

1. Anti-rejet.

trousseaux. Le vendredi, ils reviennent vers notre minuscule deux pièces, délestés de tout ou partie de leur marchandise.

La semaine nous paraît bien longue... Surtout si nous tombons sur quelqu'un comme Augustine, ou la volage Bernadette et ses amants de passage, ou encore la terrible Annie.

Dès que nous nous retrouvons seuls avec cette mégère, l'affaire se présente mal. Je pense, avec le recul, qu'elle n'aimait tout simplement pas les enfants. En particulier, je la revois, telle une sorcière dans un cauchemar, s'approcher de moi, son visage sans grâce penché sur ma frêle silhouette, sa main armée d'une fourchette en métal lestée de poireaux, avec la ferme intention de me les faire ingurgiter. Tous les gamins haïssent au moins un légume. Moi, c'est le poireau. Son odeur suffit à me donner des haut-le-cœur.

– Mais c'est très bon pour la santé, le poireau ! martèle Annie de sa voix de stentor.

– J'aime pas ça ! dis-je, plaintive, déjà perdante.

– Non, elle n'aime pas ça ! rugit Richard, qui l'attaquerait bien s'il le pouvait.

– Ça n'a aucune d'importance ! triomphe Annie. On ne demande pas ce qu'ils pensent aux enfants mal élevés. Ils o-bé-issent ! Et maintenant viens là, m'ordonne-t-elle.

Je m'exécute. Il n'y a rien d'autre à faire.

Annie, une fois à ma hauteur, extrait sa main gauche de derrière son corps en armoire à glace, s'empare de mon nez, m'empêchant totalement de respirer, et, avec la main droite, me gave comme une oie.

Richard, lui, ravale les injures qu'il aimerait lui cracher au visage, et préfère informer régulièrement mes parents de la situation. Mais, à cette époque, la parole des gamins ne bénéficie pas de la moindre considération. Papa et maman pensent tout simplement que mon frère, en se plaignant d'Annie, tente de les amadouer pour qu'ils restent avec nous. Or, même s'ils le regrettent, ils savent bien que c'est impossible.

Comment expliquer à deux mômes en quête d'attention que ce travail qui les éloigne de nous pendant toute une semaine est une nécessité ? Pas facile pour cette génération d'après-guerre, portée sur le « faire » et non sur le « dire »... Pendant très longtemps, nous aurons des difficultés à communiquer les uns avec les autres et nous en voudrons à nos parents de ce que nous avons alors ressenti comme un abandon.

Quant à moi, si je suis allergique pour toujours à un certain légume, je reste encore bien plus allergique à l'abandon, quel qu'il soit.

En tout cas, c'est de cette période que Richard et moi tenons cette force de résistance devant toute forme d'autorité abusive, résistance que certains nomment « mauvais caractère ».

*
* *

Au bout de quelques années, le travail tenace des parents porte ses fruits. En 1956, enfin, papa peut reprendre son ancien métier et monte son salon de coiffure, rue d'Enghien, dans le dixième arrondissement de

Paris. Nous voici maintenant installés dans un appartement un peu plus vaste, mais sans grand confort, situé dans l'arrière-cour du salon, au premier étage.

J'ai quatre ans. Depuis le mois de mai, Richard et moi avons un petit frère, Philippe. Nous l'accueillons à bras ouverts. C'est un bébé potelé et rieur. Je m'attache très fort à lui. Je revois encore Philippe, à l'heure du bain, dans la grande bassine d'eau trônant sur la table de la cuisine et, juste à côté de lui, maman qui rit avec bonheur.

Bien-être, clapotis de l'eau et de la vie mélangés... De ces moments qui tiennent chaud au cœur toute une existence...

Plus tard, quand des conflits ont eu lieu avec Philippe, au fond de mon cœur je souriais, je le revoyais dans la bassine !

Philippe m'a fait un beau cadeau : grâce à lui j'étais « une grande » et souvent j'ai pensé que je devais le protéger comme Richard me protégeait. La chaîne du cœur est infinie.

*
* *

Donc, plus d'absence de parents ! En revanche ils sont toujours aussi occupés, même si le salon est à quelques mètres. Papa inculque à maman les rudiments du métier et, rapidement, celle-ci se débrouille avec talent. Mon père coiffe les hommes, maman s'occupe des femmes. Le petit salon ne désemplit pas. Il est très bien situé, dans une rue passante. Stella, avec sa vivacité, et

Maurice, avec sa chaleur, attirent la clientèle. Ils se complètent à merveille : mon père sait ajouter le mot, la phrase qui fait plaisir. Dans le salon, il bouge comme s'il dansait, et cette chorégraphie de la coupe ne laisse pas certaines clientes indifférentes. Ce spectacle me fascinait.

Je me suis rendu compte plus tard que maman avait fort à faire pour tenir éloignées de papa ces tentations affriolantes. Y réussissait-elle, et dans quelle mesure ? Je me le suis souvent demandé... L'essentiel est qu'aujourd'hui, à quatre-vingts ans, après tous ces orages ils se regardent encore avec amour et complicité. Cela ne cesse de m'émouvoir.

Quant à Richard, jusque-là enfant grave et responsable, il développe dans cette situation rassurante un autre aspect de sa personnalité : joueur et taquin. Il ferait n'importe quoi pour attirer l'attention sur lui. C'est maintenant un petit garçon facétieux de six ans, toujours en train de faire le clown, extrêmement vif et très dur à attraper derrière les armoires ou dans les coins où il se réfugie quand il est en danger de punition...

Les fenêtres de notre appartement donnent sur une verrière : contre toutes les interdictions parentales, son jeu, ou plutôt son défi favori, consiste à piétiner ces grandes dalles de verre au risque de passer au travers. Des incursions au cours desquelles je psalmodie sans arrêt : « Si papa voit ça ! Si papa voit ça... » Et quand papa voit ça et sort la ceinture pour tenter de corriger Richard, je me mets entre les deux, faisant un rempart de mon corps. Papa, je le sais bien, ne toucherait jamais un cheveu de ma tête. De mon côté, je ne veux pas que mon frère soit puni. Souvent, l'histoire en reste là. Mais si d'aventure Richard reçoit une dérouillée, alors je l'entends clamer sur un ton insolent : « Même pas mal ! Même pas mal ! »

Souvenirs, encore : Richard, ses jambes maigres dépassant de ses culottes courtes, les mains noires de crasse et les genoux couronnés, joue dans la rue avec les autres enfants du quartier. Il est assis en tailleur, et dispute d'interminables parties d'osselets. Puis, délaissant ses amis, il vient me retrouver et m'enseigne ce jeu d'adresse : l'osselet rouge, les quatre osselets blancs et les figures compliquées qui font ma fierté. Dans ce contexte familial qui me liait si fort à mon frère, je n'ai le souvenir ni de poupées, ni de dînette ou autres jeux de fillette. Les jeux de garçons m'attiraient plus spontanément.

Une seule chose me terrifie : croiser le méchant Patini, l'ivrogne qui habite sur le même palier que nous, celui qu'on a baptisé « la terreur du quartier ». La prochaine fois, je tenterai de dominer ma peur et, pour me donner du courage, je sais qu'une fois de plus Richard m'attrapera la main et la tiendra serrée dans la sienne.

Famille unie, vie douce, une certaine stabilité s'installe. Je suis une petite fille à la vie on ne peut plus normale. Grâce à cet équilibre, nous sommes en train de nous fortifier, de nous rassurer. Nous existons et vivons mieux... Nous ne savons pas que ce bonheur ne durera que deux ans.

– II –

PREMIÈRE ALERTE

J'ai six ans. Depuis quelques jours, mes urines sont teintées de rouge. Ma mère a-t-elle oublié les taches brunes de mon tout jeune âge ? Sans doute pas, puisque très rapidement on m'a hospitalisée. À cette époque, on appelle cela « mettre en observation ».

Une immense salle commune aux Enfants malades, à l'hôpital Necker, à Paris...

Papa et maman sont à mon chevet.

– J'ai peur, papa ! dis-je une fois encore.

– Mais tu n'as rien à craindre, tu es dans un hôpital ! répond-il à court d'arguments.

– C'est le professeur...

– Le docteur Royer ?

– Oui. Il est grand, il est maigre, il donne des ordres tout le temps. Il n'est pas gentil...

– Au contraire, il est très gentil ! C'est grâce à lui qu'on va savoir ce que tu as. Et puis tu n'es pas seule, on vient te voir...

– Mais je voudrais que tu restes, papa, s'il te plaît, reste !

– Je ne peux pas, ma chérie, soupire mon père, mal à l'aise face à son impuissance.

Comme toutes les petites filles, j'avais le sentiment que mon père serait plus fort que ma mère pour me défendre dans cet immense hôpital.

En 1958, pas de lit d'accompagnant, des horaires de visites stricts, et pas de « favoritisme » pour les enfants... Nous étions loin de ce qui existe aujourd'hui, enfin, pour aider les petits à supporter les contraintes de la maladie et de l'hospitalisation.

Et puis il y a ce rituel, qui toujours m'angoisse et me fait en même temps sourire : la visite, menée par le mandarin – le grand professeur –, assisté de ses internes et de ses infirmières afin d'enseigner à ceux-ci le métier, au contact des patients. On a alors l'impression que le corps médical tout entier se déplace, d'un même rigoureux mouvement, réglé tel un défilé militaire, le long des interminables couloirs de l'hôpital. Les blouses blanches produisent comme un appel d'air, un grand bruissement. Elles volent de salle en salle, de chambre en chambre. Silencieuses et terrorisées par le « patron », elles sont en général une dizaine, agglutinées devant le lit d'un patient, au garde-à-vous.

Le malade alité qui n'a pas été averti du passage de ce « commando » a des raisons bien légitimes d'être impressionné et inquiet, surtout lorsqu'il s'agit d'un enfant.

Ce jour-là, « les blouses blanches » sont au pied de mon lit. Elles discutent entre elles à voix haute comme si j'étais invisible, pas un regard, pas un geste rassurant à l'égard de la fillette paniquée qui s'accroche à son drap comme à un bouclier. Je ne comprends rien de ce qui se dit. Je ressens une peur terrible.

– Soulevez-moi ce drap, mon petit ! ordonne le grand professeur tout maigre à l'aide soignante, rouge de timidité.

Soudain les voilà qui foncent sur moi comme des oiseaux de proie. Comment me défendre contre cette agression ? L'absence du drap révèle ma nudité. Ce qu'on veut me faire ? Je n'ai pas le temps de me le demander. Je ne sais qu'une chose : je suis exposée aux regards de tous. La honte m'envahit en même temps qu'on m'écarte les cuisses. J'entends, comme en songe, le mandarin déclamer d'un ton docte :

– Nous allons faire un sondage. L'opération consiste à introduire une canule dans le conduit urinaire, jusqu'à la vessie. Ainsi nous recueillerons les urines « stériles » directement à la source.

– Avant qu'elles ne passent par les voies naturelles ? ose interrompre un interne.

– Absolument. Vous voulez le faire ?

– Euh...

– Mon petit [*il s'adresse à l'infirmière*], passez-lui donc la canule.

Mon cœur bat à cent à l'heure. L'interne se penche sur mon sexe. D'un mouvement rapide et brutal, il introduit le mince instrument dans mon urètre. Pas un mot n'est prononcé, pas d'explications. Douleur, silence, mes larmes coulent, mes parents me manquent, leur tendresse, leur affection... Je sens les regards attentifs de ces hommes, au-dessus de moi. Cette « avidité » me choque. Sous leurs yeux emplis de curiosité, je ne me sens plus qu'objet. Se rendent-ils seulement compte qu'ils sont en train, tout simplement, de me déshumaniser ?

Parce qu'un enfant, ça ne pense pas ? Un enfant, ça n'a pas de pudeur ?

Mais l'enfant se souvient !

J'ai vécu cette scène comme un viol, et je mettrai des années à me débarrasser de la violence de ces images et de cette terreur de l'hôpital.

Plus tard, au cours de ma longue maladie, je revivrai souvent cette sensation humiliante de n'être qu'une simple chose entre les mains de la science...

Un malade est un être humain qu'on doit respecter, en lui parlant, en lui expliquant, en l'écoutant. Le patient a besoin de sa dignité, l'envie de guérir et de se battre est à ce prix. Je n'ai aucune tolérance, aucune indulgence envers certains membres du corps médical qui ne respectent pas cette règle.

L'excellence ne doit pas se passer d'humanité.

Résultat des examens : je suis atteinte du syndrome d'Alport.

Je comprends que j'ai un nouvel ennemi. Il ne s'appelle plus Augustine, ni Patini, mais Alport !

Seulement, à six ans, et face à ces médecins hermétiques, je n'ai aucune possibilité de comprendre la maladie génétique dont je suis atteinte.

*
* *

Le syndrome d'Alport m'a été transmis par mon père. À ce moment-là, on ne sait pas encore grand-chose de ce syndrome décrit en 1927 par le docteur anglais Cecil Alport. On ne découvrira la vraie nature de la maladie que vers 1970, avec le microscope électronique : elle est due à une anomalie de la chaîne collagène. Celle-ci entraîne une lente dégradation des reins qui, en phase terminale, ne sont plus en mesure d'éliminer l'eau et les déchets de l'organisme par les urines.

Ma surdité, deuxième effet secondaire lié au syndrome, s'installera progressivement à l'adolescence. Aujourd'hui je n'entends plus de l'oreille droite, la gauche fonctionne à quarante pour cent, et encore, munie d'un appareil...

D'autres conséquences sont à craindre : des cataractes fréquentes dont je ne suis pas atteinte : j'ai pu y échapper par miracle !

Ce n'est que dans les années quatre-vingt-dix que l'on comprendra les modalités de la transmission génétique...

Le syndrome d'Alport, lorsqu'il est transmis par la mère, peut toucher aussi bien les filles que les garçons. En revanche, lorsque le père est vecteur, il ne peut transmettre le syndrome qu'aux filles. Mes frères n'ont donc pas hérité de cette anomalie.

Deux de mes oncles ont connu des problèmes rénaux sévères. L'un décédera d'une crise d'urémie, un autre passera sa vie sous dialyse...

Suivant la configuration génétique – inconnue à cette époque –, je pouvais donc être atteinte ou non, présenter une forme grave ou non. En l'occurrence, j'étais atteinte.

Beaucoup d'incertitudes ont plané sur l'évolution de mon syndrome durant une grande partie de mon adolescence, mais j'ai fini par comprendre qu'un jour, dans la forme ultime de la maladie, mes reins deviendraient inopérants. Dans ce cas, les seules chances de survie sont la dialyse et la greffe. Aujourd'hui encore, la recherche n'a pas trouvé de traitements, ni génétiques ni médicamenteux, contre ce syndrome. En revanche la chirurgie de transplantation est parfaitement au point. Mais les donneurs sont rares...

Pour l'heure en tout cas, je repars de Necker-Enfants malades comme j'y suis arrivée, sans traitement puisqu'il n'en existe pas. Mais l'alerte est passée.

*

* *

Peu après cet épisode marquant, nous déménageons. Mes parents, grâce à leur progression professionnelle, ouvrent un salon de coiffure un peu plus grand que le premier à Boulogne-Billancourt. Nous nous installons dans un bel appartement. Du haut de mes sept ans, la première fois que j'y mets les pieds il me paraît immense, comparé à notre petit trois pièces de la rue d'Enghien. S'ouvre à nouveau une période sereine, celle de l'enfance heureuse, de l'affection et de la chaleur. Sans oublier la stabilité, incarnée maintenant et pour longtemps par Mone, notre dernière nounou, inscrite encore aujourd'hui dans mon cœur.

Je ne sais comment cette femme s'est retrouvée chez nous, mais je bénis encore ma mère de l'avoir engagée. Pendant vingt ans, cette petite personne discrète, timide, facilement embarrassée, régentera la maison sans faille. Nous sommes encadrés, guidés, et comme tous les enfants nous ressentons les bienfaits de ces repères que Mone nous apporte. L'heure du goûter, quand nous arrivons de l'école, suivie de l'heure des devoirs, puis de l'heure du bain et de celle du dîner. Et le coucher. Les lumières s'éteignent, je me laisse aller à l'engourdissement, heureuse de partager ma chambre avec Mone...

Mone... Je me souviens de longs moments passés avec elle à apprendre la couture, le tricot, la cuisine, « les petits trucs » indispensables de la vie de tous les jours. Je revois aussi ses yeux baissés sur quelque ouvrage d'argenterie pendant que, assise, je l'écoute me raconter son enfance. Avec quelle attention je bois ses paroles ! Comme elles me marqueront ! Son triste récit de petite fille qu'on enlève – ainsi que son frère – à sa mère, jugée indigne de les élever. À sept ans, mon âge lorsque je la rencontre, l'Assistance publique les place à l'association « Sauvetage à l'enfance ».

Ce qui me touche le plus dans son destin, c'est que, injustement, quelques mois plus tard son frère et elle ont été séparés et placés dans divers foyers. À quatorze ans, Mone a fait son entrée dans le monde du travail. Dans la ferme où elle a atterri, la besogne était dure. Mais avec son caractère docile et courageux, elle s'est soumise, sans jamais se plaindre, à cette vie de labeur jusqu'à sa majorité.

– Et maintenant, me dit-elle, vous êtes ma vraie famille. Vous m'avez adoptée... Je vous ai adoptés.

Je suis si bouleversée par son histoire que je lui demande de me la raconter des dizaines de fois. J'en connais chaque détail par cœur. Le soir, il m'arrive de me la répéter en me disant : « Quand je serai grande, j'adopterai plein d'enfants. Je les sauverai ! Je serai leur maman et ils n'auront jamais ni faim, ni soif, ni peur, ni mal. »

Mone. Le récit de sa vie m'a conduite au plus beau cadeau qui soit. À la plus merveilleuse des rencontres : la petite fille que j'ai adoptée ! Mais n'anticipons pas...

Dans cette atmosphère bien encadrée, la famille Berry s'épanouit en toute joie de vivre. Les tantes et les oncles, longtemps contenus à cause de la petitesse de nos habitations précédentes, se hâtent de prendre ce spacieux logement comme point de ralliement. Les anniversaires, les fêtes, les dimanches, tout est prétexte à disposer les rallonges de chaque côté de la table pour déjeuner ou dîner tous ensemble. Les rires, les commentaires, les plaisanteries, les spécialités culinaires « oranaises » dont maman connaît tous les secrets... On commence à être repus et, soudain, tonton Charly (souvent appelé « tonton Cristobal ») se lève. Silence dans la pièce, nous savons tous que la performance sera de qualité. D'ailleurs, en fermant les yeux, on croirait qu'Yves Montand est venu nous rendre visite en ami et improvise un tour de chant maison pour nous faire plaisir. Deux, trois chansons, gestes à l'appui. *Les Feuilles mortes* en premier, pour calmer les langues ; *À Paris* en dernier, pour valser. Les hommes se lèvent d'un coup, poussent les meubles pour faire place à une piste de danse improvisée, mon père installe les disques sur le pick-up et c'est parti... Les couples s'invitent comme des jeunes mariés et s'interpellent en plaisantant, les petits courent dans les jambes des grands en chahutant joyeusement, ça tournoie, ça rigole dans tous les coins, il suffit d'un rien pour que la fête commence.

Et tous les étés, ça transhume !

Papa et maman louent chaque année de modestes maisons dans le centre de la France. Je me souviens notamment d'un ancien presbytère réaménagé en lieu d'habitation. Cet endroit étrange, avec un « jardin de curé » à l'entrée, avait été occupé par des bonnes sœurs et recelait des trésors enfermés dans une malle au premier étage. Nous y faisions des découvertes étonnantes : vieux livres, dessins, une bouteille de vin, et même des poésies d'amour...

Nous partons en convoi, grands-parents, oncles, tantes, cousins et amis entassés dans plusieurs voitures chargées de bagages jusque sur le toit. Ma mère embarque des pique-niques gargantuesques dont elle seule a le secret. À mi-parcours, notre petite caravane quitte la nationale. Nous faisons alors une halte dans un coin tranquille transformé en un tour de main en un authentique restaurant de campagne à ciel ouvert. Les tables démontables sortent des coffres, les chaises se déplient, assiettes et gobelets sont disposés sur les nappes à carreaux, tandis que tous les enfants s'égaillent à grands cris dans les prés.

Papa et maman, afin de retrouver un peu de vie de couple, profitent parfois de ces occasions pour nous laisser aux bons soins de la tribu. Ils partent en amoureux, tous les deux, visiter l'Italie ou quelque autre contrée. Aujourd'hui, je comprends combien ces escapades étaient nécessaires pour préserver leur intimité...

Mais à ce moment-là, dans cette ambiance familiale, nous vivons ces séparations en toute quiétude, trop occupés, entre baignades et parties de pêche, à chercher des mûres dans les taillis, à ramasser les escargots après la pluie, à explorer les granges, à partir à la chasse aux vipères, à escalader les arbres ou à organiser des expéditions à bicyclette dans les environs. J'adore ces étés.

Dernièrement, à l'occasion de l'écriture de ce livre, j'ai visionné quelques-uns des films super 8 pris par papa lors de ces mois de fête. Denise et Albert, Alice et Charly, Raymond et Geneviève, Marie-France, Alain – notre cousin inséparable – Joëlle et Serge, en train de faire des rondes, de chanter, de s'élancer sur la balançoire, de faire les fous avec des bas sur la tête, de jouer aux cartes, au Monopoly... Je les vois rire, s'amuser dans l'insouciance de l'été, magnifiques plaisirs pour les adultes et les enfants. Quant à moi, je me sens rassurée dans cette atmosphère d'allégresse familiale.

– Dis, tonton Charly, tu nous refais Charlie Chaplin ?

– D'accord, les enfants !

– Richard, arrête de faire le clown et viens voir tonton Charly !

Mais une fois de plus, défiant les adultes, mon frère est parti préparer l'une de ces fameuses farces qui lui vaudra, dans l'ordre, un peu d'attention et beaucoup de gronderies...

En revanche je me sens encore abandonnée lorsque, pendant les petites vacances, nous partons dans des « colonies ». Peut-être pourrais-je vivre ces « abandons » différemment, mais je capte inconsciemment une angoisse, une inquiétude chez papa au moment du départ.

Je découvre alors un nouveau sentiment : la solitude.

Papa est déchiré entre deux injonctions : « Les enfants ont besoin de grand air » et « Je ne peux tout de même pas les laisser seuls ! » Papa poule...

Mon père. Mon miroir. Il n'y a qu'à voir ses yeux et l'expression de ses traits quand il me sourit. Je lis sur son visage que je suis une petite fille fragile, avec un destin difficile. Je déchiffre jour après jour que sa responsabilité et sa culpabilité sont à jamais présentes. En effet, même si mon syndrome d'Alport me laisse tranquille à cet âge encore tendre, on connaît mes problèmes, on sait d'où ils viennent et l'on a tendance à me ménager au maximum.

Mais je n'ai pas envie d'être cette jeune personne délicate. Je mettrai des années à réaliser à quel point tout cet amour autour de moi peut aussi prendre la forme d'une prison. Peut-être en est-il ainsi de tous les enfants malades ?

« Maudites colonies. » Je regarde papa s'éloigner, à reculons. Il nous a déposés, mes frères et moi, sur notre lieu de vacances. En partant, courbé sous le remords, il m'a gratifié de cet air éperdu qui m'empêche, définitivement, d'aller rejoindre mes camarades, de me précipiter avec les autres vers les jeux de mon âge. Je me sens différente, extérieure. Comment sortir de ma bulle de tristesse et chasser cette boule d'angoisse qui me serre la gorge avec insistance ? Ici, je n'arrive pas à parler avec les autres. Heureusement, j'ai Richard... Et voilà papa qui nous fait un dernier signe de la main. Papa !

Comment élever une petite à qui l'on a transmis un mal héréditaire ? Faut-il la couver ? La laisser se débrouiller au risque de la perdre ? Et comment se sentir moins coupable ? Le métier de parent est déjà si difficile...

– III –

ADOLESCENCE CASSÉE

Un dimanche matin, un nouveau rituel s'instaure : la leçon de tango. Mon père est un danseur chevronné. Célibataire, à vingt-trois ans, il fréquentait tous les soirs des salles comme la Coupole ou celle du deuxième sous-sol de l'Olympia pour s'adonner à sa passion favorite : le tango.

– Ma fille, il est temps que je t'apprenne à danser ! décrète papa, une certaine gravité dans la voix.

À dix ans, je suis tout d'abord surprise par la proposition, puis je comprends que je viens d'accéder à une vraie promotion ! Papa met un disque, me prend la main et, immédiatement, je me coule dans ses pas. J'adore le tango. Danse élaborée, exigeante, sensuelle et comme empreinte de tragédie. J'ai toujours vu mes parents, oncles et tantes, la pratiquer. Et maintenant, c'est mon tour. Je suis emportée par la musique, la complexité de certaines figures. Prenant son rôle de professeur très au sérieux, papa ne cesse de me prodiguer ses conseils.

Sa patience, sa gentillesse, sa douceur me rassurent et je progresse très vite. Mais je ne peux m'empêcher d'éprouver la gêne de toute fillette en train de grandir, en plein Œdipe. Je pense à maman, dont j'ai l'impression de prendre la place, et la fierté de danser avec mon père se teinte d'un sentiment étrange sur lequel je suis bien incapable, à l'époque, de mettre des mots. Mais mon père est si fier de me voir belle et en vie – en sursis me paraît plus adapté, je le ressens intuitivement – qu'il m'attendrit et je joue donc le jeu.

*
* *

À quatorze ans, c'est déjà la fin du collège. Arrive le temps du cours Dutilleul, à Boulogne. Le temps de Christèle, mon amie du quatrième étage, fidèle complice de nos premières sorties, de nos premiers mensonges aux parents pour retrouver nos flirts ; le temps des copines qui se déhanchent sur les succès des Beatles et des Rolling Stones ; celui des slows timides lorsque Johnny Hallyday lance *Que je t'aime* ; l'époque des surboums, points d'orgue du week-end, perpétuel ballet d'amis bienveillants. Sans compter la rencontre avec Ange-Marie, qui est toujours restée mon amie. Une ravissante brune aux yeux verts, fidèle, profonde, celle que je peux appeler à n'importe quelle heure du jour ou de la nuit, si le malheur se fait trop insistant.

Au cours de ces années-là, les premières atteintes de la surdité se font sentir, le syndrome attaque sournoisement, contribuant à m'isoler dans un monde de plus en plus silencieux. Je ne sais comment réagir face à ce problème dont je ne parle ni à mes parents ni à mes frères. Je me sens un peu rejetée par mes camarades qui ne ratent jamais une occasion de se moquer de moi, lorsque, en classe, je réponds à côté, faute d'avoir entendu les questions posées par le professeur. J'ai honte de mon handicap et je m'aperçois très vite que la surdité dérange car ça ne se voit pas et surtout ça oblige les gens à parler plus fort. Mais sont-ils conscients de l'effort de concentration, de la nervosité, de la fatigue que cela implique de ne pas entendre ? Pas sûr !

Un jour mes parents et moi sommes convoqués par le directeur du lycée qui, à la suite de contrôles médicaux banals, constate une importante perte d'audition. Papa et maman comprennent alors que la maladie a commencé son œuvre de destruction...

Aujourd'hui, avec le recul et toutes les épreuves difficiles que j'ai dû traverser dans ma vie, j'ai bien évidemment accepté mon handicap ; je me surprends même parfois, au cours de certaines conversations ennuyeuses, à avoir tout simplement envie de débrancher mon appareil ! Mais à l'époque, je compense cet isolement par la lecture. Les livres deviennent mes compagnons, mes maîtres à penser, à expliquer le monde. Je les ai toujours aimés, je les dévore plus que jamais, à la recherche de repères. Car même si la famille et les amis forment une toile de fond très animée, même si je participe à cette vie affectueuse, j'entends de moins en moins bien ce qui se dit autour de moi. Ma prédilection pour les conversations à deux et ma tendance naturelle à préférer les mondes intérieurs aux légèretés de mon âge en sortent renforcées, exacerbées. D'ailleurs, je me demande sans cesse pourquoi les garçons hésitent à m'adresser la parole. J'en conçois un sentiment de mal-être, sans comprendre qu'ils sont peut-être tout simplement intimidés par mon attitude fuyante, due à mon problème de surdité. Je m'identifie très vite à la chanson de Françoise Hardy, *Tous les garçons et les filles* : je demeure seule.

D'autant plus seule que, toujours ensemble, Richard et moi nous trouvons empêtrés, à ce tournant de nos vies, dans une confusion permanente et plutôt rigolote. Comme je suis constamment dans ses jambes, les autres filles pensent que je suis son flirt et se détournent à regret de ce beau garçon aux allures de séducteur. Réciproquement, sa présence fait de l'ombre à mes éventuels soupirants. Je sens pourtant bien, dans leurs regards, que les garçons apprécient ma silhouette et mes longs cheveux bruns. Mais à cause de cette présence mâle dont ils ne connaissent pas la nature exacte, ils préfèrent rester à distance. Nous en rions parfois, mon frère et moi. C'est en réalité un bien maigre inconvénient, à ce moment-là, face à la complicité qui nous lie.

Il nous arrive très souvent de faire tous les deux des incursions éclairs dans le salon de coiffure de mes parents, juste le temps de quelques shampooings, histoire de gagner notre argent de poche. Mes parents, chaleureux et ouverts, ont su donner à ce lieu un caractère presque familial, bien loin des ambiances compassées de certains salons chics. Employés et clients bavardent et s'interpellent de fauteuil à bac de lavage ; chacun prend des nouvelles des uns et des autres. Papa règne en maître sur son petit monde. Il a depuis longtemps abandonné les coupes pour hommes afin de se consacrer à la gestion du salon et à sa spécialité : la couleur pour dames. Il en profite souvent pour faire un brin de cour à certaines, sous l'œil vigilant de maman qui le surveille comme le lait sur le feu.

*
* *

En 1968, j'ai seize ans quand ma santé commence à se détériorer. Je suis en première, au cours Dutilleul, un établissement où je me sens bien. Les études m'intéressent mais petit à petit s'installe un état de fatigue, bientôt permanent. Difficulté à me lever le matin et à me concentrer en classe, tout devient un effort. Mes résultats scolaires déclinent. On me soupçonne d'abord de simuler de mystérieux symptômes pour cacher un accès de paresse, mais la situation empire au fur et à mesure que les mois passent. Maux de tête et nausées font leur apparition, et l'épuisement paraît insurmontable.

Cette même année, mes parents font l'acquisition à Saint-Fargeau, en Seine-et-Marne, d'une petite maison de campagne qu'ils retapent modestement au fil de nos week-ends. Ils deviennent des pros du bricolage...

Le vendredi soir, maman embarque dans la voiture de grandes marmites encore fumantes que nous dégustons en famille dès notre arrivée avec notre entrain coutumier. Cette maison devient aussi très vite l'occasion de réunir, pendant les vacances scolaires, cousins, cousines ou autres amis de passage, et nous entassons tout ce petit monde dans les quelques lits disponibles où nous dormons parfois à trois, dans des sacs de couchage ou sur le canapé. Bref, nous campons dans une ambiance joyeuse.

Juillet 1969. Toute la famille est réunie pour la bar-mitsva de mon frère Philippe, à Saint-Fargeau. Mais, ce jour-là, les réjouissances tournent court pour moi : je saigne du nez sans discontinuer. Impossible de stopper l'hémorragie. Je m'inquiète. Les parents aussi. De retour à Paris, nous consultons notre médecin de famille. Prise de sang. Résultats catastrophiques : j'ai 2,50 g d'urée. Le taux normal est de 0,30 à 0,40. Cela signifie clairement que mes reins ne fonctionnent plus.

Signal d'alarme : le syndrome d'Alport m'a rattrapée.

Le cousin de mon père, rhumatologue, nous obtient en urgence une consultation avec le Pr Legrain, néphrologue[1] réputé à l'hôpital Foch de Suresnes. Mon père s'y rend en éclaireur, résultats de laboratoire en main, et, au retour, raconte sa visite à maman dans les moindres détails. Cette dernière n'en croit pas ses oreilles :

– Non, il n'a pas parlé de greffe, ce n'est pas possible ! Tu n'as pas dû comprendre.

Un deuxième rendez-vous est pris. Ma mère, Richard et moi pénétrons dans l'hôpital d'un pas hésitant. Devant le bureau du Pr Legrain, je comprends que je dois faire antichambre pendant que maman et mon frère

1. Médecin spécialisé dans les problèmes de reins.

seront reçus. Je vois la porte se refermer et reste seule. Le conciliabule me semble durer une éternité, pendant laquelle je m'interroge. Pourquoi n'ai-je pas le droit d'assister à cet entretien ? Que veut-on me cacher ? Et si j'étais gravement malade ? Et si j'allais mourir ? Pourtant, je n'ai pas de douleur précise, alors que peut-il m'arriver ?

Enfin, la porte du bureau s'ouvre. On me fait entrer puis asseoir. Devant moi un homme grand, très mince, avec des cheveux blancs et un visage jeune, empreint de bienveillance, de compassion, d'ouverture. En une seconde, la confiance s'installe en moi et je sais intuitivement que ce médecin va me faire du bien.

Se fier à son instinct... Il en sera ainsi de toutes mes rencontres avec le monde médical, et je conseille à tous les malades de porter une extrême attention à ces quelques premières minutes : elles sont souvent décisives. Mais pas suffisantes ! Le choix, si nous en avons la possibilité, de la personne à qui nous allons confier notre vie n'est pas à prendre à la légère. C'est pourquoi notre impression première doit être passée au crible de la raison, l'étape suivante consistant à interroger le praticien, de la manière la plus exhaustive possible, pour compléter ce qui a été éprouvé. Et c'est seulement alors que, nous forgeant un jugement sur le fond et la forme, nous pourrons accorder notre confiance. S'il faut aller consulter ailleurs, il existe autre part de nombreux médecins compétents prêts à nous aider, à nous écouter avec humilité et humanité.

Quoi qu'il en soit, ce jour-là, je me tiens devant le Pr Legrain, je réponds à ses questions, lui en pose, perçois sa gentillesse et écoute sa voix bien modulée, dont l'autorité naturelle me rassure. Peut-être reconnaît-on un « bon » médecin à son ouverture aux autres, qui se traduit souvent par des explications très précises concernant les problèmes évoqués par le malade... Je comprends ainsi que mes reins ne fonctionnent plus et que le seul moyen de faire baisser dans l'immédiat mon taux d'urée – c'est-à-dire d'éviter l'empoisonnement – est de suivre un régime draconien.

– À la rentrée on envisagera un autre traitement, précise M. Legrain.

On ne me parle pas de greffe mais les parents, eux, sont informés et savent à quoi s'attendre.

De retour à la maison commence donc une nouvelle épreuve : il me faut respecter le programme alimentaire qui m'a été prescrit. Tous les aliments autorisés doivent être scrupuleusement pesés. Au pèse-lettres ! Pas plus de trente grammes de viande par jour, pas de sel, des protéines au compte-gouttes. Pendant quatre mois, je suis soumise à cette ascèse. Je crève de faim ! La nuit je rêve de poulets rôtis, de friandises, de nourriture en abondance...

Heureusement Mone est là. Non seulement elle dose, pèse et mesure avec le plus grand soin tout ce qui m'est destiné mais, en plus, elle fait des merveilles avec ses savants mélanges d'herbes fraîches, d'ail, d'oignon, de basilic. Elle parvient à donner du goût aux plats sans saveur qui me sont réservés sans jamais enfreindre les règles fixées par le médecin.

Je lui en suis très reconnaissante encore aujourd'hui !

*
* *

Dix-sept ans, j'essaye d'oublier que je suis malade...

Le temps des premières « boîtes », avec permission de minuit et chaperonnage obligatoire, celui de Richard, souvent accompagné de notre inséparable cousin, Alain. Aller aux toilettes sans que l'un de mes deux gardes du corps ne me suive se révèle mission impossible... Et ils restent devant la porte jusqu'à ce que je ressorte !

Dix-sept ans, c'est également la rencontre « déterminante » avec Philippe, mon premier amour croisé à Cannes. Un garçon doux, attentif, beau – les yeux verts –, au physique de jeune premier dont je suis très éprise. Son loisir préféré ? Il fait partie d'une troupe de théâtre amateur. Bien entendu je lui présente Richard, connaissant déjà l'intérêt de mon frère pour cet art. Sympathie immédiate.

– Ça te dirait de venir avec moi, samedi prochain ? propose Philippe.

– Pourquoi pas ? répond Richard.

Et voilà mon frère parti pour une aventure décisive, une évidence, une raison de vivre. Il se joint à la troupe. Philippe et lui partent en tournée dans le Lot, pendant les vacances. Amitié, révélations, premiers plaisirs d'acteurs en herbe.

– Le théâtre c'est ma vie, je veux arrêter mes études ! annonce Richard à son retour.

– Passe ton bac d'abord, lui oppose papa, traditionnel.

Et Richard de répondre d'un ton agacé :

– Je vais te le passer, ton bac !

Ce qu'il a fait. Discussion père-fils animée : papa comprend qu'en face de lui il a une volonté réelle, une vocation et non un caprice. Il voulait juste s'en assurer.

La suite de l'histoire achèvera de conforter les parents : en 1970, Richard sera reçu au concours d'entrée du Conservatoire national supérieur d'art dramatique de Paris. Philippe, mon ami, également.

Étrange période de ma vie... Pendant que Richard entre dans le monde de la lumière et des mots, je m'enfonce lentement dans le silence. Depuis lors, quand je vais voir mon frère au théâtre, il s'arrange toujours pour que je sois placée dans les premiers rangs.

Mais quand je repense à cette époque, j'aime me dire que la petite sœur protégée a joué un rôle déterminant dans la carrière de son frère en lui présentant son ami Philippe. Un coup de chance... Je ne suis pas certaine que, si j'étais tombée amoureuse d'un cuisinier, Richard serait devenu un grand chef !

– IV –

SURVIE EN SOUS-SOL

Été 1969. Il y a quelques mois, Richard et moi avons programmé un séjour dans un kibboutz en Israël. Les billets ont été pris, les gens contactés sur place et nous nous réjouissons de faire ce voyage ensemble. Mais ma santé ne cesse de se dégrader et, très vite, il n'est plus question de voyager. Les consignes du Pr Legrain sont claires : je ne dois pas quitter le pays. Une montée brutale de mon taux d'urée pourrait en effet se révéler mortelle si elle n'était pas traitée rapidement. J'obtiens seulement l'autorisation de « visiter » le sud de la France. J'ai beau répéter que je rêve de ce voyage en Israël, c'est non. Je me résigne à contrecœur, je ne veux pas encore admettre que mon état de santé est si préoccupant. Richard ne me lâche pas. Il renonce à ce voyage pour rester à mes côtés.

Mon frère Philippe a pour sa part organisé, lui aussi, un périple en Israël, mais avec sa bande de copains. Il partira. Une façon de s'éloigner des préoccupations familiales ? Papa et maman n'ont sans doute pas trouvé les mots pour lui expliquer la gravité de ma maladie. Peut-être ont-ils voulu le protéger en le laissant volontairement un peu à l'écart... Il n'a que quatorze ans : pas facile à vivre, pour lui, ces parents dont l'attention est entièrement mobilisée par ma jeune personne. Et puis il y a ce pacte tacite entre Richard et moi... Philippe se réfugie dans le dessin, pour lequel il manifeste un véritable don, et entreprend de vivre ses aventures personnelles.

Papa et maman décident de nous embarquer tous les deux, Richard et moi, direction Cannes. Nous n'avons rien réservé, mais notre père se fait fort de trouver un appartement à louer dès notre arrivée sur place. Le voyage se déroule bien, même si je ressens en permanence une profonde lassitude. Affaiblie par mon régime, je suis très amaigrie, et je tiens à peine sur mes jambes.

À Cannes, un agent immobilier nous fait visiter un deuxième étage sans ascenseur. J'entreprends la montée, avec toute la famille. Un effort colossal pour moi. J'ai l'impression de gravir l'Everest, mon cœur bat à tout rompre dans ma poitrine, j'ai le souffle coupé. Devant la porte palière, j'ai juste le temps de dire « papa, je ne me sens pas bien » avant de m'effondrer, sans connaissance.

L'agent immobilier s'affole, n'arrive plus à mettre la clé dans la serrure, puis, lorsqu'il parvient enfin à ouvrir la porte, ne trouve pas le compteur électrique. C'est dans l'obscurité la plus totale que Richard et mon père me transportent à l'intérieur et me déposent sur ce qu'ils devinent être un canapé. Dans la semi-conscience de mon évanouissement, j'entends leurs voix appeler « Marie, Marie », et je sens leurs mains tapoter mes joues. Enfin je reviens à moi. Les volets ont été ouverts, le soleil baigne la pièce et éclaire leurs visages défaits par l'inquiétude.

Immédiatement, papa veut rentrer à Paris. Il cherche un téléphone et appelle l'hôpital Foch à Suresnes. Il parvient à joindre un interne et lui raconte la scène. Le verdict est sans appel : « Marie doit impérativement se reposer et ne faire aucun effort. Dans l'état où elle se trouve, c'est vital. Si elle veut rester à Cannes, elle doit suivre cette ligne de conduite. » Papa est un peu rassuré. Nous ne serons pas obligés de quitter la Côte d'Azur. Mais nous prendrons un autre appartement, avec ascenseur ! Toute la famille s'organise autour de moi, en fonction de moi. Bien plus tard, à mon tour, je culpabiliserai à l'idée d'avoir mobilisé toutes ces énergies.

Richard, de son côté, se transforme en preux chevalier. Il refuse de me laisser cloîtrée entre les murs de l'appartement. Chaque jour, après que mon père nous a déposés devant les marches qui mènent à la plage, Richard me prend sur son dos et me porte. Je suis dans un tel état de faiblesse que je serais bien incapable de descendre cet escalier qui me sépare du bord de mer et représente pourtant à peine un demi-étage... Puis mon frère m'installe sur une chaise longue à l'ombre, tandis que le reste de la famille et les amis se regroupent autour de moi. Mais il ne s'éloigne pas pour autant. Au lieu de filer rejoindre copains et copines, il reste à mes côtés, attendant l'heure de me ramener, me portant toujours, en haut de l'escalier. À l'époque, je vis ces transports à dos d'homme comme une chose amusante. Mais, aujourd'hui, je me rends compte que ce geste et tous ceux qui l'accompagnaient représentaient beaucoup pour un jeune homme de dix-neuf ans, et j'en ressens une grande émotion.

Il est prévu que j'aille, chaque semaine, dans un laboratoire d'analyses proche de la Croisette, afin de faire surveiller mon taux d'urée. À la deuxième mesure, rien ne va plus. L'urée, au lieu de se stabiliser grâce au régime, continue de grimper... sous l'effet de la chaleur ! J'ai dépassé les 3 g, seuil à partir duquel j'entre dans la zone rouge. Mortelle. Le taux d'urée entraîne maintenant une inflammation du péricarde, la membrane qui entoure le muscle cardiaque. Je dois rentrer à Paris en avion de toute urgence.

Maman fait le voyage avec moi, poussant la chaise roulante sur laquelle je suis installée dans les couloirs de l'aéroport. Je suis bien incapable de marcher, quelques pas suffisant à provoquer chez moi un essoufflement total.

Nous filons à l'hôpital dès notre arrivée. J'y reste le temps nécessaire à des examens complémentaires. Mon taux d'urée est redescendu. Je supplie les médecins de me laisser repartir. Eux préféreraient me garder, mais l'interne de service finit par céder. Nous reprenons l'avion dans l'autre sens. Si je peux finir le séjour sans autre alerte, c'est au prix d'une immobilité absolue. Cette fois, même la plage m'est trop pénible et je dois me contenter des visites de mes copines dans l'appartement.

L'un des inconvénients majeurs de toutes les maladies me frappe de plein fouet : la terrible dépendance. Il est difficile de tout devoir demander aux autres, de ne pouvoir se déplacer, manger, se laver, sans le secours de ses proches. Je ne fais plus rien. J'ai l'impression de représenter une charge terrible. D'être une larve qui rampe d'un endroit à un autre. J'apprends à faire avec peu, à économiser sur tous mes gestes, tous mes besoins, toutes mes demandes.

Ainsi les malades tentent-ils, dans leur course à la vie, de faire face à cette dépendance tout en ménageant ceux qui les entourent...

*
* *

Paris, fin août. Mes parents m'accompagnent. Le Pr Legrain, assis à son bureau, m'annonce avec gravité :

– Vous savez que le seul moyen de vous guérir, c'est de vous greffer un rein...

Puis il ajoute :

– Mais nous avons un problème pour le moment, c'est votre état général. Vous êtes trop anémiée. On ne peut pas programmer l'opération si vous êtes aussi faible. Alors nous allons vous transfuser.

Legrain poursuit, avec un sourire compatissant :

– Nous allons vous hospitaliser ainsi que votre mère pendant quelques jours.

Et, devant mon air stupéfait, il m'explique en regardant maman :

– Nous devons lui faire les tests de compatibilité, puisqu'elle accepte de vous donner un rein.

Je comprends brutalement que ma mère est impliquée physiquement dans ma survie... Elle a vécu apparemment joyeuse ces derniers mois en sachant qu'elle allait me donner son rein ! Les larmes me montent aux yeux et, pour la première fois, je craque.

Je sais que papa, lui aussi, aurait volontiers donné sa tête pour me sauver. Mais il ne peut rien pour moi puisque c'est lui qui m'a transmis ce gène : il est d'emblée mis à l'écart.

Très vite nous apprenons que maman, par chance, est compatible (mais à l'époque on ne parle pas encore du système HLA semi-identique ou identique[1]). Je reçois cette merveilleuse nouvelle du fond de mon lit : la greffe aura lieu dans deux mois, en octobre. Sauvée ?

En fait, il n'en sera rien. Mon état, qui aurait dû s'améliorer avec les transfusions, se détériore. Mes globules blancs sont en déroute. On décide d'une ponction de la moelle osseuse pour disposer d'informations fiables.

– Ça va faire mal ? demandé-je, inquiète.

– Mais non ! répond le médecin qui m'ausculte dans ma chambre d'hôpital.

Rassurée, je me soumets à l'examen en toute confiance. Le praticien s'approche de moi, une longue

1. Voir p. 139.

et grosse aiguille à la main, et, tranquillement, me transperce le sternum et se met à forer dans mes os sans plus de cérémonie. Crucifiée ! Une vraie torture. Le bruit est épouvantable, la douleur fulgurante. Je hurle sans pouvoir m'arrêter. Mon souffle est coupé, autant par ma souffrance que par la cruauté de l'acte, exécuté sans anesthésie. Pourquoi m'a-t-on menti ? Quand on donne des explications précises à un malade sur l'examen qu'il doit subir, il devient plus facile pour lui de gérer la douleur. Les médecins ne le savent-ils pas ?

Une telle horreur serait impossible aujourd'hui, la ponction de la moelle se pratiquant désormais sous anesthésie.

Le résultat de ces analyses brutales est clair : je suis atteinte d'une hépatite B, transmise par transfusion sanguine. Ce sang « neuf » qui devait me ragaillardir est en train de me détruire, au contraire ! Cette hépatite m'empêche de me nourrir, les nausées me coupent l'appétit, je m'étiole chaque jour davantage, ce qui n'arrange rien à mon état. Dans le service de néphrologie de l'hôpital, on m'a surnommée « Buchenwald », car je pèse trente-cinq kilos et ma chemise de nuit de coton, blanche à rayures rouges, évoque les camps de la mort... Je ne suis plus qu'un zombie. Mes forces ont presque totalement disparu et je suis persuadée que je vais mourir.

Lorsque le Pr Legrain m'annonce que la greffe est reportée en décembre car ma santé est trop précaire, j'ai la sensation étrange qu'il s'adresse à une autre personne. Je n'y crois plus. Quand il ajoute qu'il va falloir me « dialyser », je suis au bout du rouleau, et n'ai même pas envie de lui demander ce qu'est une dialyse.

*
* *

Me voici dans l'ambulance qui me mène à l'hôpital Foch, accompagnée de papa. J'entre pour la première fois dans une grande salle de réanimation aux néons crus, au troisième sous-sol du bâtiment. Il y a très peu de machines de dialyse en 1970 et aucune place n'est disponible ailleurs.

Une partie du lieu, séparée du reste de la pièce par un rideau, est consacrée à la dialyse. De l'autre côté du rideau, je vois défiler les urgences les plus graves, les grands blessés. Ils arrivent sur des brancards, souvent entièrement nus, badigeonnés d'un liquide jaune désinfectant, prêts à passer au bloc. Des accidentés de la route pour la plupart, disloqués, conscients ou non, certains encore capables de parler, d'autres gémissant. Parfois je m'aventure à demander de leurs nouvelles aux infirmières. Souvent, un silence gêné me répond, suivi d'une phrase courte : « Il est mort. » Je n'ose plus poser de questions. Le hasard m'a placée au mauvais endroit, mais c'est pourtant là que je dois me rendre trois fois par semaine, pendant huit heures, pour rester en vie.

Côté dialyse, un lit. Une grosse cuve cylindrique. Des tuyaux partout. Je m'allonge et écoute toutes les consignes de l'infirmière qui va me dialyser durant ces huit heures.

Une dialyse est un dispositif complexe permettant à une machine de filtrer le sang à l'extérieur du corps puisque les reins ne font plus leur travail. Pour pouvoir bénéficier de ce dispositif de survie, il faut à l'époque avoir recours à la chirurgie, car l'artère, dont le sang est à nettoyer, ainsi que la veine, qui recueille le sang purifié, doivent être reliées sous anesthésie locale à un tube de plastique, appelé shunt. Celui-ci est fixé sur la face interne de mon avant-bras gauche, moins exposé ainsi aux chocs éventuels. Ce shunt possède en son milieu une valve que l'on ouvre à chaque séance pour pomper le sang de l'artère à épurer, puis le réinjecter, filtré, par la veine.

Aujourd'hui, la dialyse ne nécessite plus cette pose chirurgicale du shunt. Des améliorations considérables ont été apportées dans ce domaine, j'ai eu (hélas et tant mieux) l'occasion de m'en apercevoir.

Le risque majeur de ce shunt, qui reste en place entre deux séances de dialyse, c'est la formation de caillots de sang. Le Pr Legrain me recommande de le surveiller jour et nuit, en mettant régulièrement la main sur le tuyau, pour m'assurer que le débit sanguin est toujours là. C'est relativement simple : si le malade sent une intense vibration au contact de la paroi de plastique, tout va bien. Dans le cas contraire, il faut foncer aux urgences, car le shunt bouché, la vie du patient est en danger.

Pour me permettre de dormir tranquille, maman prend le relais toutes les nuits. Elle reste près de moi, auscultant mon pouls, écoutant mon sang battre... Quant à papa, il délaisse le salon de coiffure pour s'occuper de moi à plein temps, m'accompagnant aux dialyses et me tenant la main dans l'ambulance qui me conduit à l'hôpital. Le soir, quand je sors, il est de nouveau là.

Bientôt, mes parents vendent leur commerce pour ne plus se consacrer qu'à moi. Je monopolise les forces vives de la famille...

Ma seule consolation pendant la dialyse : plus de régime alimentaire, je suis autorisée à manger ce que je veux. À peine « branchée », j'avale goulûment et honteusement les sandwichs au fromage préparés par Mone. Instants de bonheur volés à ma détresse : celle de ma condition de malade affamée, reliée huit heures durant à ces énormes cuves. Ces séances de dialyse me laissent bouleversée par ces hommes et ces femmes à l'agonie de l'autre côté du rideau, épuisée par le travail de mon corps, et atteinte de maux de tête insoutenables. La raison de cette dernière épreuve ? Le dosage des produits ajoutés à mon sang lors du filtrage, tels les sels minéraux, n'est pas encore au point. Résultat, j'ai le crâne pris dans les mâchoires d'un étau à chaque fois que je quitte l'hôpital...

Mais le traitement se révèle efficace : au bout de neuf semaines, je suis en état de recevoir le rein salvateur de maman.

A-t-on bien préparé ma mère à vivre cette épreuve ? Psychologiquement, certainement pas. Et, malheureusement, peu de progrès ont été faits depuis. Aujourd'hui, en 2005, une consultation psy vient d'être mise en place à Necker, mais celle-ci est loin de répondre sérieusement aux attentes – et aux angoisses – de ceux qui vont offrir une partie d'eux-mêmes pour sauver un des leurs. Car même s'il semble normal qu'une mère fasse don d'un de ses organes à son enfant, un geste qui implique une telle abnégation mérite plus d'attention, de considération qu'on ne lui en accorde encore actuellement.

Sur le coup, moi non plus je n'ai pas réalisé la portée de ce don comme je le fais aujourd'hui, après avoir été mère à mon tour. Je sais que maman a dû éprouver la peur d'avoir mal, et celle de mourir. Elle avait quarante-sept ans au moment des faits, et pourtant elle n'a pas hésité à risquer sa vie pour me redonner la mienne.

Et moi qui me plaignais de son manque d'affection ! Maman est une femme chaleureuse, généreuse *naturellement* : elle n'éprouve donc pas le besoin de dire « je t'aime » tous les quarts d'heure, ni de vous étouffer de bisous. Richard est pareil. Ils ne disent pas, ils « font ». Et pour mes dix-sept ans, ma mère m'a prouvé toute l'étendue et l'intensité de son amour. Je salue son courage et son acte, qui me rassurent et me rendent complice d'elle bien au-delà des mots.

Par chance, ma mère n'a jamais souffert du manque de son second rein. Mais les médecins, de leur côté, n'ont jamais manifesté le besoin de la revoir, ni pour une simple consultation, ni pour des examens sanguins ! Et pourtant elle était pionnière en la matière, il y a trente-cinq ans ! C'est dire la place accordée aux donneurs à l'époque.

*
* *

13 décembre 1970. Veille de la transplantation. Il fait nuit, je suis sur mon lit d'hôpital. Petite chambre avec salle d'eau attenante. Peu de bruits. Seule une lumière douce est allumée. Près de moi, mes parents. J'ai mal au ventre, je suis à la fois épuisée et tendue. J'essaie de me lever pour aller aux toilettes. Impossible : j'ai des vertiges... Mais j'ai à peine esquissé le geste de m'asseoir que mon père me soulève avec sollicitude :

– Ne bouge pas ! Je vais te porter.

Deux mètres. Seulement deux mètres... Au retour de ce « périple », je m'effondre en pleurs.

– Papa, je n'en peux plus ! Je veux mourir. De toute façon je vais mourir, non ?

– Mais non, ma chérie, bien sûr que non ! On est tous là et demain ce sera fini, tu iras mieux, tu verras...

Que dire de plus pour me calmer ? Je sanglote, désespérée, au creux de l'épaule de cet homme brisé, dont la femme et la fille, demain, passeront sur le billard. Cet homme qui trouve, une fois de plus, le courage et la force de me transmettre sa foi en la vie malgré son désespoir, de me raconter que l'existence m'est grande ouverte et que les lendemains chanteront. Et moi je l'écoute de tout mon corps, de tout mon cœur.

Quand on est ainsi terrassé par la maladie, il arrive qu'on ne croie plus en rien. Entendre les paroles d'espoir et de réconfort d'un être cher, ou d'une personne sensible, c'est un peu comme recevoir un élixir de vie. Cela permet de passer le cap de l'absolu désespoir et de continuer le combat.

Le 14 décembre 1970, deux équipes de chirurgiens sont présentes. La première prélève le rein de maman, pendant que dans le bloc opératoire voisin le chirurgien transplanteur, le Pr Kuss, procède dans un premier temps à l'ablation de mes deux reins malades (aujourd'hui, on ne les enlève plus, même s'ils ne servent à rien), puis la transplantation peut avoir lieu. Le rein de maman est alors placé devant, dans la partie abdominale, à droite juste en dessous des côtes. Les deux opérations ont duré dix heures...

La première greffe de ce type a eu lieu en 1954, mais la pratique restera expérimentale jusqu'en 1970.

Dans la salle de réveil, mon regard se tourne vers maman... J'ai très mal, maman est très agitée et éprouve des douleurs semblables, je le sais. Mais dans notre semi-inconscience nous entendons cette phrase mémorable prononcée par le Pr Legrain d'un ton jubilatoire :

– Tout va bien... Vous pissez, vous pissez, vous pissez !

Le signe de la réussite. Mon rein fonctionne. Je ressens un immense soulagement. Toute l'équipe médicale autour de moi baigne dans une atmosphère d'euphorie.

Plus de séances de dialyse, plus de régime, plus de faiblesse. Une fois la greffe réalisée, mon syndrome disparaît et je n'ai plus à le craindre : plus jamais monsieur Alport ne reviendra frapper à ma porte. En revanche je ne serai pas à l'abri d'un rejet : mes parents et Richard le savent. Moi je l'ignore. J'ai cette chance...

De jour en jour je récupère mes forces, me lève, marche dans les couloirs et, enfin, sors de l'hôpital. La vie va pouvoir reprendre son cours et je n'ai qu'une envie : me précipiter dans son flux. Revoir mes amis, sortir, bouger, rire. Mener enfin l'existence des jeunes filles de mon âge.

– DEUXIÈME VIE –

« Tu ne peux pas espérer si tu ne cherches pas l'inespéré. »

HÉRACLITE

– V –

RENCONTRES

Les mois qui suivent cette première greffe sont paradoxalement tout à la fois graves et légers.

Le traitement post-chirurgical est lourd. Cent milligrammes de cortisone par jour pendant plusieurs semaines (et des doses moindres par la suite), cent milligrammes par jour d'Immurel : médicaments dont je saurai plus tard que, s'ils servent à éviter les risques de rejet, ils ne sont pas sans effets secondaires. Je dois lutter entre autres contre une nervosité excessive provoquée par la cortisone et me soucier en permanence des virus, tant mes défenses sont réduites.

Évidemment le cocon familial se reconstitue autour de moi, chaque acteur reprend sa place : mes parents, mes frères, et bien sûr Mone. Tous veillent à mon confort. J'ai l'impression d'être une princesse fragile enfermée dans son château. Je ne suis pas très consciente, je somnole entre rêve et réalité. J'oublie peu à peu l'idée de la mort qui était devenue ma compagne depuis de longs mois et je réapprends à vivre, sans doute un peu égoïstement. Je n'arrive pas à me projeter dans l'avenir. J'ai tellement attendu que j'attends encore... Que vais-je faire de ma vie et d'ailleurs est-ce que j'ai une vie ? Je suis comme un soldat qui, revenu de la guerre, dort avec son fusil.

Une de mes seules distractions, c'est de regarder vivre mon frère Richard. Il évolue dans son monde d'acteurs, habite désormais dans la chambre de bonne, au sixième étage de l'immeuble, reçoit souvent à l'appartement ses copains du Conservatoire, des jeunes gens qui s'appellent Jacques Villeret, Jacques Weber ou encore Isabelle Adjani. Nous n'avons certes plus les mêmes préoccupations, mais notre complicité est toujours là. Il construit sa vie avec courage, il m'attendrit. Pour l'instant je ne suis qu'une spectatrice, peut-être sa première !

De son côté, Philippe se consacre entièrement à sa passion et à sa vocation, le dessin. Les études traditionnelles l'intéressent peu, et papa encourage sa vocation artistique en l'inscrivant dans une école parisienne réputée, Penningen, où il s'épanouit. Mes deux frères sont heureux, je m'en réjouis. Quant à moi, ma seule activité se résume aux visites régulières à l'hôpital Foch.

Le Pr Legrain me suit de près depuis l'opération. Je l'ai d'abord revu chaque semaine, puis chaque mois. Il est satisfait des résultats de la greffe, mais il s'inquiète de mon apathie et m'incite vivement à reprendre mes études.

Les réunions d'amis me mettent mal à l'aise. Comment me situer socialement ?

– Et toi, tu fais quoi ?

– Pas grand-chose...

Au bout d'un moment je finis par répondre, avec un sursaut d'énergie et un air faussement dégagé :

– Je réfléchis !

Effectivement, je réfléchis. Comment me réinsérer dans cette nouvelle existence après toutes ces épreuves ?

La seule entreprise qui me semble réalisable, compte tenu de ma fragilité, est de préparer le bac. Je m'inscris enfin, après deux années d'hésitation, en candidate libre. Je peux ainsi travailler à mon rythme, tous les jours. Je prends des cours particuliers de philosophie, discipline que je n'avais jamais abordée au cours de ma scolarité arrêtée en première : c'est pour moi une vraie découverte, comme je le suppose pour beaucoup d'autres jeunes étudiants. Il est vrai que, depuis ma greffe, je m'interroge sur le sens de la vie et de la mort.

La professeur de philo que je rencontre alors, avec ses soixante ans et ses yeux rieurs emplis de joie de vivre, m'entraîne dans sa passion. Je dévore les livres des philosophes au programme, heureuse de retrouver le plaisir de l'étude.

Je décroche mon diplôme avec mention.

Je m'inscris en première année de droit à Assas, avec pour objectif de devenir juge pour enfants.

*

* *

J'ai vingt ans et je n'en crois pas mes yeux : j'ai enfin l'air d'une étudiante comme les autres ! Je ne connais rien à la vie et cependant j'ai le sentiment d'avoir tant vécu, ou plus exactement tant survécu... Je me balade dans Paris le nez en l'air, m'émouvant de chaque matin et de chaque chose.

Un jour dont aucune d'entre nous ne se souvient, comme si nous nous étions toujours connues, je rencontre Annabelle et Nadia. Ces deux sœurs, très unies et ravissantes, avaient à la fois une légèreté et une gravité qui me ressemblaient. Elles étaient venues à Paris faire leurs études, Annabelle à Sciences-Po, Nadia à l'école de kinésithérapie. Elles collectionnaient avec gaieté un nombre incroyable de jobs pour financer leurs études. Ce qui me fascinait c'est que, malgré toutes leurs occupations, elles semblaient toujours avoir le temps de rêver.

Et nos rêves se sont rencontrés par magie !

Annabelle, longs cheveux châtains et regard noisette, offre au monde un visage ouvert. Avec cette pure intello, ce ne sont que discussions sans fin, analyses critiques, questions philosophiques... Nadia, blonde aux yeux bleus à la fois sportive et coquette, gère méthodiquement les sorties du trio que nous formons. Avec elle je m'applique, sans beaucoup de succès, à initier Annabelle aux rudiments de la mode et du maquillage.

Brusquement ma vie a changé. J'ai pris place dans leur fratrie dynamique, tonique et joyeuse. Je n'ai jamais rencontré un personnage aussi drôle qu'Annabelle ! Elle a ce pouvoir unique de me faire rire même aux pires moments.

Je me suis immiscée en un clin d'œil : le quotidien ne leur posait jamais aucun problème. J'avais l'impression qu'elles inventaient leur vie chaque jour. Moi qui avais tant souffert de l'enfermement dû à ma santé et à la surprotection de ma famille, je me suis jetée à corps perdu dans cette amitié exceptionnelle, fondée sur l'amour de la liberté, et qui dure encore aujourd'hui.

Nous n'avons pas parlé de ma maladie les premiers mois et, même lorsqu'elles l'ont apprise, elles ne m'ont jamais considérée comme une malade. Elles m'ont donné une clé de leur studio, un coin de placard et à chacune de vivre comme bon lui semble. Quel bonheur de n'avoir aucun compte à rendre !

Comment deux sœurs si unies m'ont-elles acceptée ? Que voyaient-elles en moi ? Je l'ai demandé à Annabelle, à l'occasion de l'écriture de ce livre. Elle m'a répondu.

– On se demandait souvent comment tu pouvais être si pure, si joyeuse, si exempte de jalousie, ou d'envie. De quelle planète venais-tu ? Et puis, plus profondément, tu portais en toi une sorte de blessure qui faisait écho à celle dont nous avions souffert, Nadia et moi, dans notre enfance... Cela nous a soudées, sans que nous en ayons conscience. Très vite on t'a adorée. Et on t'a protégée.

» Je me rappelle une scène qui t'avait bouleversée... Nous étions au cinéma. À un moment, problème. La bobine son s'arrête, le film continue. Tu te tournes alors vers moi et me demande :

» – Tu entends quelque chose ?

» Moi, je crois que tu plaisantes et je réponds :

» – Bien sûr !

» Je te vois blêmir, et perçois tout à coup un affolement hors de proportion avec ce que je viens de prétendre. Je rectifie aussitôt :

» – Mais non, Marie, il n'y a pas de son ! Un problème technique, je suppose...

» Tu soulèves alors ta belle chevelure noire et me montres ton oreille gauche appareillée. Puis tu m'expliques que tu es sourde de l'oreille droite. C'est la première fois que tu me parles de ta maladie. Or cela fait déjà plusieurs mois que nous nous connaissons. Je suis prise par l'émotion, mais je ne peux pas répondre. »

Elle ne m'a pas répondu mais a enregistré pour toujours le message. Je ne lui dirai jamais assez combien j'apprécie qu'elle me parle si distinctement. Quelle générosité !

Un grand studio rue d'Assas, en face de la fac. Des couchages sommaires, une cuisine approximative, une sorte de désordre artistique, et trois filles qui refont le monde des nuits entières et apprennent ensemble à apprivoiser la vie. Je sors enfin de mon cocon et mets mes parents devant le fait accompli : j'ai déménagé chez mes amies.

Je suis heureuse. Nous rions beaucoup, sortons pas mal. Nous passons parfois des heures à nous maquiller, à nous attifer, avec des résultats mitigés... On n'était jamais mieux, en fait, qu'en jeans et tee-shirt, cheveux au vent... Une longue chevelure noire et une longue chevelure auburn encadraient une longue chevelure blonde : c'est ce souvenir de nous que j'aime garder !

Mes amies avaient, elles aussi, traversé de graves épreuves... Mais je ne l'ai su que beaucoup plus tard. Notre amitié était fondée sur la pudeur.

Certains matins, nous décidons sur un coup de tête de nous engouffrer dans ma Coccinelle et de partir pour une destination choisie au hasard, à la poursuite de rêves à peine formulés. Nos voyages, curieusement, sont empreints d'une sorte de grâce. Celle de l'innocence, car nous sommes, en cette période de libération sexuelle, de vraies idéalistes. Les hommes nous font peur à toutes les trois et, devant leurs regards qui nous déshabillent en permanence, nous préférons aller manger une pizza ensemble, ou simplement discuter.

À cette époque, il nous arrive souvent de prendre un verre chez Ruc, un bar en face de la Comédie-Française. Richard vient d'être engagé dans cette grande maison après avoir obtenu le premier prix du Conservatoire en 1973. Les comédiens, présents à presque toutes les tables, ne m'attirent pas. Je les vois, tout empêtrés d'eux-mêmes, en perpétuelle recherche de reconnaissance, et je les juge égocentriques, tournés vers leurs états d'âme. Très peu pour moi. Nadia, elle, s'amuse de tout. De nous trois elle est la plus courtisée. Annabelle, pour sa part, préfère observer.

Quant à mes parents, ils ont vite considéré Annabelle et Nadia d'un mauvais œil : qui sont ces filles qui « kidnappent » Marie ? Et surtout, où l'embarquent-elles ? Mais je me moque bien de ce que les miens peuvent penser. Je n'ai qu'une envie : me libérer de mon trop-plein de protection, oublier ma maladie. Comment expliquer à ma famille que mes amies m'ont donné le goût de la liberté et de l'indépendance ?

Annabelle et Nadia deviennent mes alter ego. Nous nous fabriquons des moments d'insouciance, de légèreté, mais aussi de profondeur. Cette ambiance généreuse, ces souvenirs communs me marqueront pour toujours. D'autant plus que derrière cette rencontre et ces instants volés, rôde toujours la maladie. La mienne, et celle de Nadia, plus tard, qui laisseront à Annabelle ce rôle particulier d'accompagner deux grandes malades, ses « sœurs ».

Mes deux amies, elles, réussiront leurs examens. Elles sont trop déterminées pour qu'il en soit autrement. Mais moi je renonce à mes études de droit et, dans la foulée, je rentre à Boulogne.

Entre-temps, je me suis octroyé le droit de vivre et je suis devenue une jeune femme.

*

* *

Au moment où s'est posée la question de mon avenir, après cette année d'intermède inoubliable, j'ai soudain pris conscience de mes limites. Quelle que soit l'activité que je choisisse, il va me falloir composer avec mon état, oublier les rêves de travail où l'on voyage, où l'on découvre, où l'on communique. Comment faire pour gagner ma vie dans un univers certainement peu disposé à m'accorder ce que mon corps exige ? La greffe a réussi, mais je demeure vulnérable, et en partie sourde. Mon besoin fréquent de repos et les absences dues aux divers maux que j'attrape seront-ils du goût de mes futurs employeurs ? J'en doute...

Raison ? Défaite ? Je décide, à ce stade de mes réflexions, d'accepter la solution que me propose mon père : ouvrir un magasin près de chez nous, à Boulogne, boulevard Jean-Jaurès. Cela correspond aussi au besoin de mes parents d'acheter une nouvelle affaire, car ils n'ont plus d'activité professionnelle depuis qu'ils ont vendu le salon. Mes sentiments sont ambivalents : d'un côté je leur suis très reconnaissante, de l'autre je sais que je renonce à la totale indépendance dont j'avais tant rêvé.

Mais je me lance dans l'aventure. On verra bien ! Je baptise la boutique « Domino ». Son sol en carrelage noir et blanc, dont j'apprécie l'aspect très graphique, m'inspire pour la décoration du local. Je décide d'y vendre des accessoires de mode, sacs à main, ceintures et chapeaux, entre autres choses... J'adore fouiner chez les grossistes comme chez les petits créateurs et dénicher des objets originaux. J'aime surtout faire mes vitrines. Je n'étale pas mes marchandises, je les mets en scène, composant de véritables décors qui racontent chacun une histoire, imaginant la journée d'une femme, selon les circonstances.

En revanche, je m'aperçois très vite que la vente est incompatible avec mon problème auditif. Heureusement, maman est venue travailler avec moi et fait des miracles dans ce domaine. Papa, lui, a pris en main la partie gestion.

Le succès est aussi rapide qu'inespéré. Les clientes apprécient autant le choix et les produits que l'ambiance familiale de la boutique. Nous les connaissons toutes par leur prénom, elles nous racontent leur vie, nous confient leurs petits secrets. Certaines passent simplement pour dire bonjour et prendre des nouvelles autour d'une tasse de café. J'apprécie mon nouveau travail et la sollicitude de mes parents, mais je regrette parfois la liberté dont je jouissais avec Annabelle et Nadia...

Pour me sentir plus indépendante, je pars vivre dans un studio, en face de chez Richard, qui a déménagé rue d'Aligre, dans le douzième arrondissement de Paris. Mon frère est désormais papa d'une petite fille, Coline. J'adore m'en occuper. Je suis émerveillée par son intelligence, sa vivacité et je la trouve très attachante. Cette enfant est une vraie révélation dans mon existence, et ravive mes envies profondes de devenir maman un jour.

– VI –

UNE VIE PRESQUE NORMALE

La période de Noël 1979, m'enchante. Le travail s'accélère, achats de fin d'année obligent ! Pour que la vitrine devienne encore plus attrayante, j'ai besoin d'un professionnel. On m'en recommande un.

Par un matin froid, un jeune homme pénètre dans la boutique d'un pas hésitant. Un grand brun, qui ressemble étonnamment à Michel Berger. Mêmes cheveux bouclés, même visage légèrement allongé, grands yeux marron.

– Bonjour, vous êtes madame Berry ?

– Oui ! Et vous, vous êtes monsieur l'étalagiste ? dis-je en plaisantant.

Il se trouble un peu. Un simple regard a suffi : nous sommes sous le charme ! Dans les romans, ça s'appelle un coup de foudre.

Dix mois de cour intensive plus tard, Steve et moi décidons de nous installer ensemble à Boulogne, puis de nous marier. Pour être tout à fait honnête, je précise à mon fiancé que je n'ai aucune formation de femme d'intérieur et que je ne suis pas éduquée à le servir comme il en a l'habitude. Les femmes qui l'ont élevé (sa mère et sa grand-mère) dans la tradition juive en ont fait un vrai coq en pâte. Je lui apprends à participer plus activement à certaines tâches ménagères. De son côté, il me porte une attention scrupuleuse : la même que celle à laquelle m'ont habituée mon père et mes frères.

Plus tard, je me rendrai compte que son attitude protectrice n'a fait que renforcer les tendances de mon éducation. Chacun, depuis mon enfance, s'évertue à me protéger, à cause de mon syndrome mais aussi parce que je suis la seule fille de la fratrie. Steve, naturellement, s'inscrit dans cette lignée, m'enfonçant encore, sans le savoir, dans une sorte d'infantilisation qui me gênera de plus en plus, mais dont je m'accommode, pour l'heure, avec plaisir.

*
* *

Situation paradoxale que doivent affronter beaucoup de malades au long cours : comment négocier le plus honnêtement possible avec son entourage ? D'un côté la solitude et le manque de tendresse tuent, de l'autre trop de sollicitude et d'amour étouffe !

Je suis bien consciente qu'on peut paraître égoïste, injuste, insupportable, irréaliste. « Ton fol égoïsme », me disait-on parfois. J'en concevais une immense culpabilité. Il est vrai que supporter un malade, même pour une famille aimante, est un véritable sacerdoce. Notre indifférence face à leurs soucis quotidiens blesse nos proches. Comment leur expliquer, quand on souffre dans son corps et son cœur, que leurs problèmes d'impôts nous sont totalement étrangers ? Cela dit, l'administration fiscale n'oublie pas les malades. Il m'est souvent arrivé de jeter tout le courrier administratif, notamment les factures : d'une prison à une autre, au fond qu'importe !

Malgré notre rébellion, l'entourage, là encore, essaie de nous protéger de la société et nous ne savons pas dire merci.

Ne serait-il pas utile que les grands malades puissent bénéficier une fois par mois chez eux d'une aide administrative ? Je ne trouve pas normal qu'un grand malade, un grand blessé, doive passer à l'hôpital de longues heures à s'inscrire, à donner des papiers, à remplir des formulaires. Quelle fatigue inutile...

Autre paradoxe : nous trouvons normal d'être assistés dans ce que nous ne pouvons pas faire, mais nous refusons d'être considérés comme des victimes, j'oserais dire des « boulets ». Il n'y a déjà pas beaucoup de place dans ce monde pour les faibles, les démunis, alors pour les malades ! Ce refus relève de la dignité, certes, mais surtout de l'instinct de survie : et s'il venait à l'esprit rationnel d'une « autorité devenue folle » l'idée de faire disparaître les grands malades inutiles et coûteux ? Un malade dit « perdu » est souvent déjà considéré comme mort : nous le lisons dans bien des regards. Je suis très émue quand je vois dans certains services des esthéticiennes, des coiffeuses, des manucures, et j'aimerais tant que ce soit généralisé.

Étrangement, c'est en effet aussi dans l'apparence physique qu'on trouve une force... J'ai adoré Nadia quand, de longs mois entre la vie et la mort, elle me demandait comme cadeau des soutiens-gorge et des slips en dentelle. Quand, avec ses perfusions, elle se faisait obstinément les ongles des pieds et des mains...

Nous avons en plus un combat secret à mener.

Faut-il nous installer dans une amertume geignarde, dans une haine de tout ce qui est beau et sain, dans la colère ?

Faut-il – la religion étant par ailleurs, pour certains, d'une grande aide – nous transformer en « martyrs » résignés, mais auxquels tout est dû ?

Beaucoup d'entre nous, et j'en ai fait partie, se contentent de savourer tant bien que mal la journée à vivre... En cela, peut-être, nous redevenons de petits enfants sans passé ni futur. Je dirais plus : nous retournons à la pureté enfantine.

Comme il est difficile, avec cette pureté au cœur, de devoir rester avant tout des guerriers de la vie !

Comme il est difficile, aussi, de balancer entre le désir de se cacher et de rester seul et celui de courir se mêler à la foule des bien portants !

Tous les jours, après ma première greffe, j'ai oscillé ainsi entre activités extérieures, responsabilités acceptées, fatigue, faiblesse, cocooning puis révolte, ingratitude de prisonnière et reconnaissance éperdue.

*
* *

En 1980, avec Steve, je suis heureuse, tout simplement. J'ai l'impression d'avoir enfin une place dans la société, et c'est avec mon mari que je me rends aux réunions dominicales chez mes parents. Le rituel est immuable. Steve et moi arrivons en général les premiers, car nous habitons tout à côté. Richard s'efforce de ne jamais manquer le rendez-vous, accompagné de sa fille Coline. Les oncles, tantes et cousins font des apparitions toujours appréciées.

En revanche, Philippe et sa femme – mon petit frère s'est marié – ne se montrent que rarement, toujours un peu détachés, leur rituel à eux !

Richard a maintenant une carrière bien établie. Il a quitté la Comédie-Française après sept années de succès. Il n'a pas abandonné le théâtre, mais il tourne beaucoup pour le cinéma. Son emploi du temps est de plus en plus chargé. Cela ne change rien à notre relation fraternelle. Richard téléphone souvent. Quand il a un moment, il passe à la boutique ou s'invite à dîner chez nous. Nous évoluons désormais dans deux univers différents, mais nous parlons très souvent de son travail. Je vais parfois le voir sur les plateaux, tout en préférant rester en marge de ce monde.

Toutefois, en 1984, je demande à mon frère de participer à la création des costumes de l'un de ses films,

Urgence, de Gilles Béhat, et de devenir son habilleuse pendant le tournage. J'ai très envie de tenter cette expérience. Richard accepte, un peu inquiet : vais-je tenir le coup physiquement ? Un tournage, c'est toujours beaucoup de tension...

Je découvre le travail d'équipe, une ambiance très particulière, des bonheurs et des coups de gueule. J'ai deux responsabilités. D'abord j'assiste cette merveilleuse Dominique Combelles (la créatrice des costumes), et cela me plaît beaucoup ; ensuite je suis l'habilleuse de mon frère... Laver ses chemises, ses slips et ses chaussettes à longueur de film me fait comprendre rapidement que l'amour a des limites...

Mais Richard n'a pas eu à se plaindre de moi : je suis restée à la hauteur jusqu'au bout. J'aurais tant aimé qu'il me le dise ! Son jugement est décidément trop vital pour moi. Comme si je ne savais pas que Richard ne « dit » pas...

À la fin du tournage, je me sens plus fatiguée que d'habitude, m'inquiète... et m'aperçois que je suis enceinte !

C'est une surprise, car nous sommes, Steve et moi, en pleine procédure d'adoption.

*
* *

Mon besoin d'être mère, une fois mariée, s'est manifesté plus fort que jamais. J'ai donc interrogé M. Legrain en 1980.

– Une grossesse ? Il vaut mieux attendre encore quelques années. Et puis les risques sont importants pour une greffée, avait expliqué le professeur.

Renonçant à l'idée, j'ai raconté à Steve l'histoire si touchante de Mone, mes rêves de petite fille... Je n'ai pas eu de difficulté à le convaincre d'adopter et nous avons commencé les démarches. D'une certaine façon, si ce bébé que j'attends aujourd'hui vient au monde, pour moi il est déjà, en quelque sorte, le deuxième...

Dès la certitude de ma grossesse en septembre 1984, angoissée, je cours voir M. Legrain.

Après avoir demandé des examens médicaux, celui-ci me reçoit avec un sourire tendre et complice.

– Vos résultats sont excellents. Vous abordez vos quinze ans de greffe, je vous donne mon feu vert.

Il me précise toutefois que cette grossesse n'est pas sans risque.

– Il n'est pas question d'arrêter votre traitement pendant ces neuf mois, me dit-il. Et il va falloir trouver un gynécologue qui accepte de s'engager dans cette aventure.

Une bonne dizaine de gynécos se dérobent. Seul le Pr Frydman, de l'hôpital Béclère à Clamart, accepte de m'accoucher. Il a déjà suivi quelques transplantés.

À la première consultation, je suis immédiatement rassurée. Devant moi, un bel homme à la forte stature, avec des mains dont la taille m'impressionne. On dirait celles d'un bûcheron ! Je l'imagine mettant de frêles bébés au monde, cela me laisse perplexe...

Je lui pose les deux questions qui taraudent mon esprit.

– Vais-je pouvoir mener à terme ma grossesse sous immunosuppresseurs ?

La réponse est oui.

– Mon enfant sera-t-il lui aussi atteint par le syndrome ?

– Il y a cinquante pour cent de chances qu'il n'en hérite pas, me répond le professeur. À vous de réfléchir. Si vous prenez le risque, je le prends avec vous... Il est vrai que votre décision engage votre vie et celle de votre enfant. Mais je suis un éternel « optimiste réaliste » !

Steve et moi vivrons cette aventure plus liés que jamais et mon mari fera preuve de beaucoup de patience et d'amour.

Il en faut. Car, dès le sixième mois, je suis clouée au lit en raison de contractions anormales, et surtout je suis si anémiée que je dois être transfusée à plusieurs reprises. Nous sommes en 1985, c'est l'époque où l'on commence à beaucoup parler d'un nouveau virus, le HIV, et d'une nouvelle maladie : le sida. Certaines personnes avisées font le lien entre le risque de contamination et les transfusions sanguines. Ce virus ne concernerait pas seulement la population homosexuelle et la transmission sexuelle.

Mon sac d'angoisse s'alourdit...

Et quelle n'est pas ma surprise, et ma peur, comme pour beaucoup d'autres femmes, quand un an plus tard je reçois une circulaire me demandant de faire un test HIV de toute urgence !

Le test, par bonheur, s'est révélé satisfaisant. Il n'empêche que, après cette malheureuse histoire du sang contaminé, je comprends que j'aurais pu contracter le sida !

Depuis ma greffe, je m'étais habituée à sentir un tressaillement du côté droit : c'est ainsi que mon rein se manifestait ! Dès que mon bébé s'est mis à bouger, j'ai constaté une étrange similitude... C'est comme si j'avais deux bébés dans le ventre qui vivaient en même temps ! J'ai ce petit dans mon ventre, que je protège, mais je prends conscience d'avoir aussi ce rein, qui m'a été donné. Ce rein dont je me mets à parler un peu comme d'un second enfant que je porte. D'ailleurs, lorsque je l'évoque, je porte instinctivement ma main sur mon ventre, comme une femme enceinte quand elle pense à l'enfant à naître. J'ai deux bébés à protéger, mon rein et mon fils. Car ce sera un fils, l'échographie est formelle.

Cependant de nouveaux problèmes se présentent : mes analyses d'urine sont mauvaises, mon taux d'albumine grimpe...

Personne ne sait vraiment me rassurer, faute de bien connaître ce genre de situation. J'ai l'impression d'être un cobaye. La médecine manque de recul et d'expérience, elle n'est pas en mesure d'anticiper les problèmes. Il est vrai que beaucoup de femmes enceintes ont de l'albumine sans que cela porte à conséquence, mais dans mon cas c'est un signal d'alarme. Cela signifie qu'un risque de rejet est envisageable...

Consciente de ce risque, je décide de m'accrocher pour mener à terme ma grossesse.

Et j'y parviens.

Mon accouchement est programmé par césarienne pour le 9 juin 1985, après huit mois et demi de grossesse. La veille, dans la nuit, je perds les eaux. Julien fait son apparition dans le monde le 9 juin à 12 h 25, un beau et gros bébé de trois kilos huit cent quatre-vingts grammes.

Immédiatement, l'équipe médicale fait un prélèvement sanguin sur le petit.

Il n'est pas atteint du syndrome d'Alport !

Il me faut maintenant et rapidement régler le problème de la crise de rejet de mon rein, déclenché par la fin de ma grossesse. Pendant les trois mois qui suivent mon accouchement, les médecins augmentent les doses quotidiennes de cortisone pour stopper le processus en cours. Peu à peu, l'albumine diminue, puis disparaît : le rejet est enrayé.

J'ai eu très peur.

Maintenant, je peux me consacrer à mon rôle de maman, comme toutes les jeunes accouchées. Je me sens enfin « normale ». Julien remplit mes journées, désormais tout entières vouées à lui. J'ai en effet décidé de ne pas retourner à la boutique tant que mon fils ne saura pas parler. J'ai encore dans l'esprit nos tristes expériences de nourrices avec Richard. Je ne confierai mon fils à une étrangère que lorsqu'il sera en mesure de me raconter comment ils s'entendent. Dans deux ans, me dis-je, je repartirai au travail l'esprit tranquille.

*

* *

Steve et moi n'avons cependant pas renoncé à l'idée d'adopter un autre enfant, cet enfant « virtuel » auquel je n'ai jamais cessé de penser...

Espiègle, coquin, curieux, ses yeux noirs grands ouverts sur le monde, Julien, à quatre ans, me rappelle Richard. Sa gentillesse et son affection me comblent.

Arrive normalement ce moment où un enfant dit :

– Maman, je peux avoir un petit frère ou une petite sœur ?

Mon désir rejoint le sien. Mais il est hors de question, de l'avis même des médecins, que je prenne le risque d'une seconde grossesse. Je reprends donc les démarches d'adoption. Par bonheur, d'après une nouvelle loi, les formalités ne peuvent pas excéder neuf mois : le temps de mettre au monde un bébé !

Une femme va nous aider dans cette belle aventure : Simone Chalon, que je connais depuis l'âge de treize ans, une amie de mes parents. Elle préside l'association « La famille adoptive française » consacrée à la protection de l'enfance maltraitée. Autant dire qu'elle a voué sa vie à cette cause, allant jusqu'à recueillir chez elle des enfants qui ne pouvaient être placés dans l'immédiat. Mon admiration, ma tendresse et ma gratitude pour elle sont infinies.

En ce matin de Yom Kippour 1990, il fait doux pour un mois d'octobre. Cette fête juive, aussi appelée « Grand Pardon », est une journée de jeûne destinée à expier tous nos péchés de l'année. Sans pour autant être croyante, j'aime ce moment symbolique de recueillement et y accorde de l'importance par respect pour mes parents.

C'est dans cette atmosphère de méditation que nous parvient le coup de fil de Mme Chalon.

– Est-ce que tu as reçu ton agrément[1] ? me demande-t-elle de sa voix chaleureuse, dans laquelle je sens poindre une sorte d'excitation.

Je m'exclame, tout heureuse :

– Oui, ce matin ! Je voulais vous prévenir mais aujourd'hui...

La présidente me coupe la parole d'un ton solennel :

– Eh bien il faut que vous veniez tout de suite me voir, parce que nous avons une petite fille pour vous !

Mon cœur se met à battre la chamade. Je n'en reviens pas, de cette chance inespérée. Aussitôt Steve et moi nous dirigeons vers les locaux de l'association, avec, bien sûr, une fébrilité et une émotion compréhensibles...

Dans un bureau modeste aux murs tapissés de photos d'enfants de toutes nationalités, Simone Chalon nous attend avec impatience. Devant elle, un maigre dossier bleu contient les rares informations concernant le bébé que nous allons adopter. Une enfant née sous X. Sa mère biologique, juive, l'a prénommée Sarah, et a exigé que sa fille soit placée dans une famille de même religion que la sienne.

Le temps de régler quelques ultimes formalités administratives, et le lendemain nous sommes autorisés à nous rendre à la pouponnière, en compagnie de Julien qui ne tient plus en place, pour faire connaissance avec Sarah.

1. Certificat accordé par la Ddass vous reconnaissant le droit et la capacité d'élever un enfant.

Un pavillon de trois étages en banlieue parisienne, transformé en nurserie, accueille nourrissons et enfants en bas âge, en attendant leur placement dans des familles. On entre dans une pièce, puis dans une deuxième, une troisième, où des lits sont alignés les uns à la suite des autres.

Je me sens happée par les bébés qui pleurent et par les enfants, plus grands, qui tendent leurs petites mains à travers les barreaux de leur lit, comme pour nous supplier de les libérer d'une prison. Ce moment reste inscrit dans ma mémoire avec toute la force de l'impuissance : si j'avais pu, je les aurais tous emmenés avec moi.

Après ce parcours, déjà impressionnant, nous arrivons devant le berceau d'une petite fille : celle-ci dort paisiblement et nous nous penchons tous les trois vers elle, émus, incrédules, pétrifiés. Nous avons sous les yeux un cadeau du ciel : un ravissant bébé de trois mois dont la respiration, doucement, rythme le sommeil. En attente de parents... Pas un bruit, il faut respecter la sieste. Qu'elle est belle !

Nous prenons place autour d'elle. Peu à peu, elle s'éveille. Frémissements. Puis les paupières s'ouvrent. Mon regard plonge dans le sien. J'ai l'impression de la reconnaître ! La certitude inouïe qu'au moment précis où ses yeux se posent sur moi, elle accède à la vie...

Sarah nous a attendus sereinement dans cette pouponnière pendant trois mois, sans poser de problème. Après cette première visite, nous ne sommes pas autorisés à repartir tout de suite avec notre fille. Elle doit s'habituer à notre présence pendant deux jours, c'est une règle dans l'intérêt de l'enfant. Nous passons donc la journée auprès d'elle, puis nous la quittons après le dernier biberon. Le lendemain matin, nous sommes de retour à la première heure. Sarah n'a pas cessé de nous « réclamer ». C'est du moins ce que nous disent les assistantes maternelles : elle, d'ordinaire si tranquille, s'est montrée agitée dès notre départ de la veille et, depuis ce matin, elle n'a cessé de pleurer. Impossible de la calmer. Elle est rouge, épuisée, tout en tension. Je la prends dans mes bras, la serre contre moi, je lui parle pour tenter de l'apaiser : ses sanglots s'arrêtent net. Notre fille Sarah nous a adoptés !

Comment ne pas être émue par ce « signe » de la vie ? Qui n'a pas remarqué que parfois le destin se met en place de la bonne façon ? Je ne crois pas à l'irrationnel mais, paradoxalement, j'ai le sentiment puissant et si intime, parfois, que notre vie se déroule, chaotique certes, mais avec un sens et une logique que nous découvrons au fil de l'expérience, si nous nous donnons la peine d'y réfléchir.

Une enfant dont les parents désiraient qu'elle ait une famille juive est adoptée le jour de Yom Kippour et, de plus, ressemble comme deux gouttes d'eau à son grand frère... Et beaucoup diront plus tard : à moi, sa mère !

Je tiens à préciser que Steve et moi, juifs mais non pratiquants, n'avions jamais spécifié ni le sexe, ni la race, ni la religion du bébé désiré.

Je suis bouleversée, ébranlée, pendant de longues semaines. J'ai l'impression d'avoir été une abeille souvent nourrie avec des fleurs amères et qui est en train de fabriquer un miel doux.

Toutes ces questions, ces sensations, je les garde dans mon cœur. Un sentiment de solitude s'installe profondément, je ne peux partager mon trouble ni avec mon mari, ni avec ma famille. Richard me manque. Lui pourrait peut-être comprendre. Encore que... L'amour maternel est si puissant qu'il donne une perspective différente à tout ce qui nous entoure.

Cependant, Sarah est là. Son arrivée fut si soudaine... Il faut s'organiser très vite pour l'accueillir dans les meilleures conditions. Mes amies se montrent très généreuses et me prêtent tous les accessoires utiles pour parer au plus urgent : berceau, Baby-Relax, pyjamas...

Je me sens très fatiguée par l'année qui vient de s'écouler sur le plan professionnel : nous avons acheté le magasin d'à côté... Travaux, nouveautés, nous nous sommes lancés dans le prêt-à-porter de luxe, à une époque où l'on découvre les créateurs. Désormais, nous proposons dans un seul et même lieu tout ce qu'il faut pour s'habiller des pieds à la tête. Une petite révolution. La clientèle du quartier, composée de jeunes femmes qui travaillent pour la plupart dans les agences de publicité, se précipite. Bientôt le bouche à oreille fait son effet, on vient de Paris pour s'habiller à Boulogne chez Domino !

Avec l'arrivée de Sarah j'arrête de travailler, laissant la boutique aux mains expertes de mes parents. Je retrouve avec bonheur le plaisir de pouponner et de me consacrer entièrement à mes deux petits bouts.

Maman se révèle une grand-mère formidable, prévenante et très aimante avec ses petits-enfants. C'est pour moi une sorte de découverte. Ni mes frères ni moi n'avons eu le privilège de nous blottir dans ses bras, de nous faire câliner ni même de l'entendre nous dire « je t'aime ». Je l'ai dit, elle n'en éprouvait pas le besoin : elle aimait. L'amour maternel pour elle ne s'exprimait que par des attentions matérielles : de jolis vêtements bien entretenus, des plats cuisinés avec soin, une maison parfaitement tenue...

Mais les temps ont changé, et voilà grand-mère qui se met à faire des câlins !

– VII –

BOULEVERSEMENTS

Comme prévu, je reprends le chemin de la boutique après le deuxième anniversaire de Sarah. Mais le cœur n'y est plus. Disparue, cette étincelle qui m'animait lorsque j'entreprenais de « mettre en scène » ce que j'avais à vendre... Je vais de moins en moins souvent au magasin.

À la maison, ce n'est guère mieux. Mes relations avec Steve se dégradent. Nous nous opposons de plus en plus fréquemment, surtout en ce qui concerne l'éducation des enfants avec lesquels j'estime qu'il se montre trop permissif.

Mais n'est-ce pas là une excuse facile ?

Les questions se bousculent dans mon esprit. Je m'interroge en permanence sur ce que j'ai fait durant ces dernières années. Je crois que chaque adulte, un jour, a rendez-vous avec l'enfant qu'il fut : quels étaient mes rêves et mes désirs à dix ans, l'âge où dans les cours d'école les petites filles jouent à trouver les prénoms des bébés qu'elles auront ?

À un moment donné, la vie s'accélère et on a l'impression d'être sur un manège qui tourne très vite. En général, heureusement ou malheureusement, peu d'entre nous descendent du manège. Moi, j'ai eu très souvent l'impression d'être assise sur un banc et de le regarder tourner sans moi. Chaque fois, courageusement, j'ai essayé de reprendre ma place sur le « petit cheval » de la normalité... Aujourd'hui, le pompon à attraper ne m'intéresse plus !

Je suis sans doute très ingrate et très capricieuse puisque tout va bien : je travaille avec mes parents, la boutique nous fait vivre confortablement, j'ai un mari et deux beaux enfants. Mais reproduire à l'infini les schémas familiaux, les modèles, avec un conformisme parfait est-il suffisant ? A-t-on le droit – avec des chances inégales pour les uns et les autres – de se dire un jour des phrases aussi simples et décisives que celle-ci : qui suis-je vraiment et dans quel genre de vie pourrais-je le mieux m'épanouir ?

La maladie m'a privée d'une grande partie de l'audition, mais a affûté mon regard sur le monde, je suis devenue plus exigeante envers moi et les autres. Des désirs que je n'identifie pas encore troublent mon esprit. Je voudrais en parler, mais à qui ? Steve se montre toujours attentif, mais à mes problèmes de santé, pas à mes problèmes existentiels qu'il juge sans doute anodins. Nous nous éloignons... Il passe ses temps de loisir au golf, moi avec mes amis, à qui je ne confie pas non plus mes interrogations.

D'ailleurs, n'ai-je pas eu beaucoup de chance d'échapper à la mort ? En tout cas c'est ce que doivent penser beaucoup de gens...

Est-ce que cela me condamne à une restriction de rêves et de désirs ?

*
* *

Un soir, au cours d'un dîner en ville où je me suis rendue accompagnée de mon mari, je suis prise d'un étrange pressentiment, à la fois exaltant et angoissant. Je me sens détendue et absente en pénétrant dans le salon où les invités sont réunis.

Mon regard est aussitôt attiré par un homme dont le magnétisme me bouleverse. Nous passons le dîner à nous observer l'un l'autre, avec pour ma part une émotion de plus en plus forte, et je suis certaine qu'il ressent le même trouble. J'apprends qu'il s'appelle Christophe...

En rentrant chez moi, j'essaie d'oublier cette rencontre. C'est compter sans le « destin » qui nous fait, quelques jours plus tard, nous recroiser lors d'un cocktail. Nous échangeons nos coordonnées... Le lendemain, je constate que c'est à lui que je pense au lieu de me concentrer sur mon travail. En quinze ans de mariage, je n'ai jamais regardé que Steve. Se peut-il que je ne sois plus amoureuse de mon mari ou n'est-ce qu'une vague d'un désir dont j'aurais oublié l'existence ?

Dès ce jour, je me mets à observer mon mari avec une objectivité cinglante et cruelle. Je ne remarque plus que les détails qui m'ont toujours choquée et, dans notre lit, je me débats contre mon éternel sentiment de solitude.

Quand je rejoins Christophe, je découvre tout ce dont une femme peut rêver. Au risque de paraître excessivement romanesque, des années plus tard je suis en mesure d'affirmer qu'il y a des corps faits pour se rencontrer et je ne suis pas loin de penser que ce sont des rencontres magiques.

Et ce plaisir indicible, je ne regretterai jamais de l'avoir vécu sans retenue.

Un matin, d'un ton que je veux sans appel, je dis calmement à Steve : « Il faut qu'on se sépare, je ne t'aime plus. »

Il me rit au nez, persuadé que c'est impossible. Encore une fois on me considère comme une enfant. Mais Christophe m'a fait découvrir que je suis une femme et rien ne peut plus être comme avant, je suis submergée par une force nouvelle.

Mon mari essaye alors de se montrer plus à l'écoute de ses enfants et d'arranger les choses. Un soir, il laisse libre cours à son chagrin. Mais le lendemain, son orgueil reprend le dessus et, tel un lion blessé, il devient agressif et méchant.

À partir de là, je n'ai plus de remords. La décision est douloureuse à prendre. Je sais que je prive mon fils et ma fille de la présence de leur père, mais je ne peux plus me contenter de cette vie mensongère. Pour la première fois depuis longtemps, je prends conscience qu'il s'agit de mon existence et de ma liberté.

Je demande à Steve de partir...

En 1995, le divorce est prononcé. J'ai la peur au ventre, et l'impression de sauter dans le vide avec mes deux enfants. Il va falloir que j'assume. Steve, lui, repart dans sa région d'origine, près de ses parents qui habitent Nice. Il s'installe à Cannes.

Dès notre séparation, j'éprouve un sentiment de libération, d'envol. Bientôt cette énergie se transforme en une quête effrénée de moi-même.

Christophe, dont je suis tombée follement amoureuse, ne s'est finalement pas révélé le compagnon qu'il me fallait. Mais il m'aura traitée comme une femme normale, se souciant peu de ma fragilité ; quand il s'approchait de mon corps, j'oubliais que j'avais un rein en viager. Je me suis laissée aller à cette plénitude, que dis-je, à ce bonheur inouï que représentait notre désir dévastateur.

Je savais que Christophe se droguait... Je me suis battue pour le ramener sur les rives de la réalité. J'ai trop lutté pour ma vie pour regarder, impuissante, un homme se détruire. Mais j'ai vite compris l'impossibilité de mon combat.

La chute fut douloureuse. Cet amour impossible m'entraîna aux confins du désespoir...

Je me laisse lentement glisser dans une dépression profonde. Aujourd'hui je dirais : enfin je lâchais les amarres... La suite est classique : cure de sommeil à l'hôpital, doses massives de tranquillisants, consultations chez le psychiatre...

Ma souffrance d'amour est totale, et intolérable. Mais je sens en moi une transformation irréversible. Je prends conscience que l'on se construit seule... Je sais intuitivement que le tunnel sera encore long pour moi et que je dois garder des forces. Mes amis et ma famille, inquiets, me voient comme une loque... Je n'en suis pas une : j'ai aimé !

Et mon lien avec Christophe est demeuré indestructible puisque, des années plus tard, alors que j'étais à nouveau anéantie par la maladie, il m'a appelée et m'a dit avec tendresse :

– Marie, finalement je m'en suis sorti. Et c'est grâce à toi ! N'espère pas que je te laisse baisser les bras !

Nous étions deux amis, deux voyageurs qui avaient côtoyé la mort.

Beaucoup d'amies divorcées m'ont fait part de leur expérience quand j'ai tenté de comprendre ce qui m'était arrivé à cette époque. Elles m'ont expliqué qu'elles aussi étaient passées par une phase de réappropriation de soi, de « narcissisation », comme diraient les psy, qui les a conduites à de véritables débordements. Comme si les digues qui les canalisaient depuis si longtemps avaient rompu d'un coup...

Il n'empêche que j'ai peut-être surestimé mes forces : une séparation, une dépression, le travail à assumer, deux enfants à élever... Pas facile, seule à Paris.

Je décide donc d'appeler au secours mes parents, lesquels ont quitté Boulogne pour prendre une retraite bien méritée au soleil de la Côte d'Azur. J'ai un peu tardé à le faire, certes pour tenter de les ménager, mais surtout par refus de m'avouer cette défaite. Ils arrivent, déroutés par mon état, ma lassitude... Aussitôt, comme à chaque fois, ils retroussent leurs manches et reprennent tout en main, autant ma vie personnelle que professionnelle.

J'ai tempêté, j'ai crié que trop d'amour étouffait, j'ai voulu ma liberté et naviguer seule... Mais comme il est doux, parfois, de poser sa tête sur l'épaule d'une mère et d'un père !

Richard, lui, est rassuré par ma rupture avec Christophe et heureux que je le laisse à ses paradis artificiels. Moi, sans doute avec un peu de prétention, je pense déjà que notre amour n'aura été vain ni pour lui ni pour moi. Christophe m'a offert un bonheur nouveau : celui de protéger et d'aider un homme...

*
* *

Après ce divorce et cette rupture, j'ai la certitude qu'un vrai changement d'existence s'impose. Partir, fuir ces souvenirs douloureux...

De réflexions en tâtonnements, une décision émerge. Et si nous nous installions à Cannes, près du père des enfants ? Ils pourront se voir plus souvent. Il me suffira alors de louer la boutique de Boulogne et de vivre ainsi d'un revenu régulier tout à fait correct.

Je profite des vacances de l'été 1997 pour tester cette idée. Nous descendons passer quelques semaines dans l'appartement des parents, restés un temps à Boulogne pour s'occuper du magasin.

Au cours d'une conversation avec les enfants, je leur demande d'un air suggestif :

– Ça vous plairait, de vivre ici ?

La réponse fuse.

– Oh oui, maman, on t'en supplie, on prend un appartement ici, on va à l'école ici ! On adore la mer !

Leur enthousiasme agit comme un catalyseur. J'appelle aussitôt Richard pour lui demander son avis. Richard ne cherche jamais à m'imposer ses vues, il me donne juste les conseils qu'un frère peut prodiguer à sa sœur. Et parce qu'il a les pieds sur terre, il me rappelle bien souvent les contingences de la réalité.

Lorsque je lui pose la question de mon départ pour Cannes, il répond :

– Marie, fais attention ! Cannes est une petite ville, tu n'y as pas d'amis, est-ce que tu ne vas pas t'ennuyer ?

Et il ajoute, pour faire bonne mesure :

– Tu sais que si tu pars, c'est pour longtemps. Alors, réfléchis bien.

J'ai réfléchi...

L'esprit enfin clair, j'agis. Je me mets immédiatement en quête d'un logement à louer. Puis je confie Julien et Sarah à Steve et remonte à Paris. J'organise le déménagement. Début septembre 1997, les enfants peuvent faire leur rentrée dans une école cannoise. À voir leur bonne mine, leur entrain, leurs jeux dans le jardin – nous habitons un rez-de-chaussée fleuri –, je ne regrette pas ma décision.

*
* *

Suivent des années de solitude, de retour sur soi. Je redécouvre des sensations presque oubliées en observant la nature qui m'environne : le bruit du vent, les jasmins odorants, les couleurs éclatantes des plantes et cette luminosité aveuglante si particulière au sud de la France.

La relation, unique, avec mes seuls enfants me renforce : les écouter, m'occuper d'eux, rire avec eux, les aider à se construire. C'est vrai, je n'ai pas d'amis à Cannes mais quelle importance ! Je suis enfin une femme libre, cadrée uniquement par les horaires des soins maternels. Je vis comme en exil, en circuit fermé, avec Julien et Sarah âgés de douze et sept ans. J'ai conscience que seule cette ascèse me permettra de bâtir enfin les fondations de notre bonheur dans une ville où il fait bon vivre et, surtout, de ne pas rater le rendez-vous que j'ai pris avec moi-même. Je ne veux plus n'être qu'une survivante, une surprotégée, une qui n'existerait que par son handicap de naissance, et la « chance » qu'elle a eue de s'en sortir grâce aux autres. Une enfant « gâtée » dans tous les sens du terme, étouffée de reconnaissance et rongée de culpabilité. Une maman heureuse, ça oui, mais aussi un être humain qui doit se « trouver » et se « réaliser ».

Je découvre tout un monde intérieur subtil, relié à mes enfants, qui me permet d'apprivoiser la solitude, puis à l'apprécier, au fur et à mesure que je me découvre. J'en éprouve un tel bienfait que, désormais, je ne peux pas imaginer ma vie autrement. Regarder son propre reflet dans le miroir et voir s'y réfléchir ses vérités profondes, oser être ce que l'on est, n'est-ce pas là le commencement de la lucidité ?

Naturellement je reviens à ma passion, la lecture. Je lis tout, et dans ce « tout » deux rencontres littéraires vont me marquer à jamais.

D'abord Khalil Gibran, écrivain et poète libanais mort en 1931, connu dans le monde entier pour *Le Prophète*. Ce n'est pourtant pas ce livre qui m'a émue, mais *Les Secrets du cœur*, écrit dans sa jeunesse. Un étonnant recueil de nouvelles et de poésies, faites de révolte contre une civilisation qu'il juge corrompue, et de solitude. Comme le Gibran de cette époque, je me sens rejetée du monde – à cause de mon syndrome et de la surdité qui en a résulté –, pas à ma place. Quand je lis ce que Gibran écrit sur la solitude, *« on trouve en elle la pleine vie de l'esprit et du cœur et du corps »*, je me sens comprise. Je ne me sépare jamais des *Secrets du cœur*. J'emporte cet ouvrage partout, comme on le ferait d'un livre de prières, ouvert par hasard à la bonne page, au bon moment.

Le deuxième écrivain dont j'ai croisé le chemin s'appelle Christian Bobin, un auteur français contemporain que Richard m'a fait découvrir. J'ai lu presque tous ses livres. L'homme va toujours à l'essentiel. Les sujets récurrents de ses ouvrages : l'enfance, l'amour, la nature. Ses mots comptés et contés me sont une douce musique...

*
* *

Un jour, mon amie Nelly, connaissance de longue date, m'appelle :

– Marie, j'ai besoin de ton aide. J'ai écrit l'histoire de ma vie, mais un regard extérieur ne serait pas de trop, et probablement, aussi, un coup de main pour la réécriture...

Je ne revendique pas la qualité d'écrivain, mais j'ai toujours aimé cet exercice. Il m'est arrivé de rédiger quelques nouvelles, des chroniques et des poésies, juste pour le plaisir d'écrire. Aussi je me laisse tenter, autant pour tirer Nelly de ce mauvais pas que pour l'intérêt de cette nouvelle expérience.

Le sujet : une femme de quarante ans décide sur un coup de tête de quitter son mari pour vivre sa passion du théâtre. Nelly est une grande blonde, élégante, dotée d'un superbe culot qu'elle exerce souvent à bon escient. Irrésistible. À propos de son récit, une phrase de Bobin me vient tout de suite en tête : *Le couple, c'est le lieu de la vie soustraite. La passion, c'est le lieu de la vie divisée*[1].

Je reprends page par page l'intégralité du manuscrit, renvoyant chaque jour à mon amie les parties que j'ai travaillées par courrier électronique. J'ai parfois un peu

1. *Une petite robe de fête,* Gallimard, 1991.

de mal à trouver le temps nécessaire, rechignant à sacrifier les heures réservées aux enfants pour me planter devant l'ordinateur. Il faut toute la persuasion et la ténacité de Nelly pour m'obliger à rendre mon quota de trois feuillets quotidiens.

Nous nous téléphonons tous les jours.

– Ma petite abeille ! lance-t-elle en guise d'entrée en matière.

– Mon gros bourdon, tu vas me lâcher un peu ?

Tels sont nos rapports. Légers, drôles, et finalement efficaces. Sans cette amicale férule, je dois avouer que j'aurais jeté l'éponge bien avant d'avoir terminé. Mais je suis arrivée au bout, heureuse d'avoir relevé le défi ! Le titre est magnifique : *Savoir rêver pour exister.*

Pouvais-je imaginer que, des années plus tard, c'est moi qui appellerais Annabelle pour une autre aventure : *Le Don de soi* ? La chaîne de l'amitié est toujours présente dans ma vie.

Cette aventure « littéraire » m'a ouverte à de nouveaux horizons. Je suis comblée par l'amour de Julien et de Sarah et par le plaisir de les accompagner dans leur croissance à tous les niveaux, cependant je ressens le besoin de plus en plus fort de retravailler. L'expérience avec mon amie Nelly m'a prouvé que je pouvais tenir des délais, m'organiser dans le temps, terminer ce que j'avais commencé. Elle m'a surtout redonné confiance en mes capacités intellectuelles.

L'arrêt de mes études, et l'admiration que je vouais à mon frère ne m'avaient-ils pas un peu froissé les ailes ?

*
* *

C'est dans cet esprit que je repense à ma cousine Suzanne qui, alors que j'admirais les porcelaines qu'elle peignait avec beaucoup de talent, m'avait incitée à l'imiter. J'avais déjà eu l'occasion de me rendre compte que cet art, parfois jugé mineur voire réservé à la gentille épouse d'un mari cossu, était en fait exigeant, difficile et très créatif. Des noms comme Filipe Pereira, Elvira Aguiar, Peter Faust ou encore René Buthaud (grand céramiste français du début du siècle), références absolues dans ce domaine, m'avaient convaincue de la puissance de cette peinture exécutée sur une matière spéciale, d'un maniement ardu. Ma cousine, à l'époque, avait su me communiquer son enthousiasme.

Je décide de la rappeler. Elle m'encourage vivement à me lancer :

– Tu verras, ça va te plaire !

– Mais je ne sais pas dessiner...

– Aucune importance, lance-toi, et je suis sûre que tu aimeras.

Le lendemain, je trouve un cours de peinture sur porcelaine, près de chez moi. Nous sommes en juin, je dois attendre la rentrée.

Premières leçons en septembre, au domicile de notre professeur, Catherine Fournier, qui a transformé une pièce de sa maison en atelier. La place centrale est occupée par une très grande table posée sur des tréteaux et recouverte d'une toile cirée. Cinq ou six « élèves », des femmes, sont déjà installées autour de la table. J'ai apporté, comme convenu lors de mon inscription, une petite assiette en porcelaine blanche achetée sur le marché. « Pour le reste, ne vous inquiétez pas, m'a dit Catherine au téléphone, je vous prêterai tout le matériel nécessaire. »

Dès mon arrivée, je suis frappée par le silence qui règne dans le local. Cette atmosphère de recueillement, presque monacale, me séduit. Ici, pas de bavardages. On se salue brièvement et chacune reprend son travail, penchée sur une tasse ou un vase.

Catherine me tend alors de gros recueils de modèles à reproduire. Après un long moment d'hésitation, j'opte pour les fleurs de Kenzo, de jolies anémones rouges. Catherine m'explique la procédure à suivre. D'abord, décalquer le modèle, puis le reporter sur le contour de l'assiette. Je suis à la lettre les instructions, de façon un peu scolaire. Très franchement, je n'ai même pas idée de la façon dont je vais pouvoir m'en sortir.

Au fil des étapes, pourtant, non seulement la technique me vient presque naturellement, mais en plus je vois apparaître peu à peu un vrai décor.

D'emblée, je suis conquise.

Je deviens vite une élève assidue du cours et me découvre une capacité dans l'art du trait qui me surprend. Cela me motive d'autant plus. Je peux travailler des heures et des heures sur l'esquisse d'une main ou sur la courbe d'un bras. Bien sûr, plus d'une fois, je bute sur l'obstacle... Quand je ne parviens pas à saisir le geste dans sa pureté, comme une enfant j'appelle à l'aide, tout au fond de moi : « Je veux y arriver, je dois y arriver. » Et ma main trouve le chemin.

Ce challenge que je m'impose me procure un plaisir extraordinaire, et me contraint, comme je le souhaitais si ardemment, à puiser dans mes ressources intérieures, mes propres ressources ! Plus le trait devient précis, plus mon identité se dessine.

Très vite j'acquiers la maîtrise du trait et des techniques. Je fais mes propres mélanges de pigments pour la couleur, je contrôle les deux ou trois cuissons minimum, indispensables pour chaque pièce. Pour m'entraîner, je réalise des services de table que j'offre, pour la plupart, à la famille et aux amis. J'éprouve toujours une petite émotion devant un modèle unique : c'est le miracle de la « création ».

Je dessine maintenant mes propres décors, j'introduis des matières nouvelles, pierres, perles, copeaux métalliques qui, une fois peints et passés au four, deviennent partie intégrante d'une seule et même « œuvre ».

La peinture sur porcelaine est maintenant ma vraie passion. J'en oublie ce qu'il serait raisonnable d'appeler la précarité de mon état de santé, même si je prends scrupuleusement, chaque jour, ma cortisone et mes immunosuppresseurs.

Aujourd'hui, me retournant sur cette période de ma vie, je peux dire que j'étais heureuse !

Et sûre de m'être trouvée. Sûre que ça allait durer...

– VIII –

RÉALISATION...

En ce début du nouveau millénaire, nous fêtons nos trois années cannoises. Le magasin de Boulogne, loué, me permet de vivre correctement. Les enfants voient leur père régulièrement et mes parents ont choisi de passer leur retraite à Cannes, ville qu'ils ont toujours aimée et qui, surtout, les rapproche de moi.

Mon père saisit toutes les occasions de venir nous voir, d'autant que sa nouvelle passion est le jardinage et qu'il peut exercer son « talent » dans notre jardin. Pauvre jardin, quel malheur d'être aussi choyé ! En effet, le « truc » de papa, c'est de couper. Tout de préférence, et sans distinction. Dès qu'il aperçoit une branche qui dépasse ou une tige qui pointe son nez, il la sectionne aussi sec. Il défriche, déboise et ratiboise à tout va. Avec Richard, nous en rions souvent et nous nous demandons si ce n'est pas le coiffeur qui est à l'œuvre, plutôt que le jardinier. Mon frère s'est inspiré de cette frénésie de la « coupe » pour un personnage de son film *Moi, César, dix ans et demi, un mètre trente-neuf* : il a affublé le grand-père maternel de César, joué par Jean Benguigui, de cette sorte de manie compulsive et l'a surnommé « jardinator ».

Ma mère fait toujours des merveilles au fourneau. Elle nous mitonne des petits plats autour desquels il fait bon se retrouver. Richard ne manque jamais de venir nous rendre visite. Un jour, il en a profité pour couper les cheveux de papa. Il fallait les voir ! L'ancien coiffeur, assis torse nu, en short, sur un tabouret dans le jardin, une serviette sur les épaules ; l'acteur et réalisateur, en maillot de bain, maniant le ciseau... Le clan Berry respecte ses rituels.

Philippe, comme à son habitude, se fait rare. J'en suis parfois triste... Il est vrai qu'il est absorbé par son travail, avec des résultats spectaculaires. Il compte désormais parmi les dix sculpteurs français contemporains les mieux cotés. Je ne manque aucun de ses vernissages et demeure l'une de ses plus ferventes admiratrices.

À la fin de l'année 2000, l'atelier que je fréquente organise son exposition annuelle. Chaque élève présente quelques pièces de son travail. L'adjointe au maire de Grasse, venue en voisine faire un petit tour, s'attarde devant le mien. Elle marque son intérêt prononcé :

– Appelez-moi quand vous voudrez. J'aimerais beaucoup suivre ce que vous faites.

Et elle ajoute :

– J'ai pas mal de projets dont je souhaiterais que nous reparlions...

En partant, elle me laisse sa carte.

J'attends un an, pendant lequel je ne cesse de me perfectionner. Puis, en octobre 2001, je me décide à l'appeler.

– Vous ne m'avez pas oubliée ?

– Pas du tout !

Je me sens enhardie par cet accueil sympathique.

– Est-ce que vous voulez voir mon travail ?

– Oui, avec plaisir... Prenons date !

Quelques jours plus tard, je me présente au rendez-vous fixé, au Palais des congrès, accompagnée de mes deux plus belles créations, des vases sur lesquels j'ai reproduit des peintures de Tamara de Lempicka. Cette artiste polonaise, particulièrement active dans les années vingt, symbolise la période Art déco à travers des femmes aux regards langoureux, stylisées, aux courbes pleines. Peindre ses œuvres sur la porcelaine m'a demandé des heures et des heures de concentration. Les effets de lumière sur un matériau à la surface lisse et tout en volumes n'ont rien à voir avec la peinture sur toile : il est très difficile de reproduire avec exactitude un tableau sur des vases en porcelaine blanche. Pourtant je considère que j'y suis arrivée, et c'est ce résultat que je montre ce jour-là.

La réaction de mon interlocutrice me sidère :

– Que diriez-vous si je vous proposais la grande salle du Palais des congrès pour votre première exposition ? Est-ce que vous seriez prête pour décembre 2002 ?

J'accepte immédiatement, avec joie et fierté.

Et je me retrouve avec mille mètres carrés à remplir ! J'ai alors l'idée d'offrir la moitié de cette surface à l'atelier dans lequel je travaille. Je trouve normal de leur faire partager cette opportunité.

Cinq cents mètres carrés d'exposition pour moi toute seule ! Il va falloir concevoir, créer... Et ensuite aménager l'espace.

Je me consacre une année entière à la préparation de cette exposition. J'essaye sans cesse de nouvelles techniques ; par exemple, je reproduis des textures de bois sur la porcelaine. Je m'inspire beaucoup de Fernando Botero, peintre colombien aux personnages ronds, hauts en couleur et attachants.

Cette même année, je me rapproche de mon frère Philippe, qui me rend visite durant quelques week-ends, et observe ma progression avec intérêt. Il me voit concentrée, absorbée, immergée, toute à ma création, comme dans un état second. Je peux lire dans ses yeux une sorte d'admiration. Et j'exulte lorsqu'il accepte, à ma demande, de participer à l'exposition ! J'ai choisi trois thèmes : l'Art déco, l'Orient et le cirque. Ce dernier sujet est proche de ce que crée mon frère : des sculptures en bronze ludiques, très empreintes du monde de l'enfance, comme la pyramide de nounours ou de dauphins, une fée avec sa baguette magique, un cow-boy sur son cheval, un bonhomme des neiges. La plupart de ces pièces seront présentes à l'exposition.

Par ailleurs, je m'amuse à reproduire, sur de grandes assiettes de présentation, et en les interprétant à ma manière colorée, certaines des sculptures de Philippe. Une réelle complicité nous unit désormais. Il aura fallu notre amour de l'art pour nous réunir... et communiquer à nouveau tendrement.

*
* *

J'ai la sensation exaltante d'être enfin en phase avec moi-même et de commencer à « marcher du bon côté de la route ».

Et pourtant...

N'ai-je pas voulu voir le gonflement suspect de mes chevilles par moment, ma mine de plus en plus grise le matin, des mictions qui se font rares et difficiles ? Non, je n'ai pas voulu... Et quand enfin je me décide à faire des analyses, je ferme obstinément les yeux sur le taux de créatinine anormal, qui ne cessera de grimper dans les mois suivants. La créatinine, « miroir du fonctionnement rénal », disent les médecins. Toute augmentation de cette substance dans le sang traduit un défaut de filtration du rein...

Je ne veux pas le savoir. Je veux poursuivre mon chemin. Je veux de toutes mes forces assurer mon exposition. Je refuse de penser que les signes d'un rejet sont peut-être là, de nouveau. Cette force indomptée en moi, qui pour une fois explose en mille couleurs joyeuses, doit faire obstacle à la maladie !

D'ailleurs, la course contre la montre commence : plus que quelques semaines et c'est le vernissage. Dernières pièces à finir, dossier de presse, décor à peaufiner, catalogue et invitations... Tous ceux qui comptent pour moi seront là, et cette perspective me fait oublier une fatigue persistante...

L'exposition est maintenant en place, au Palais des congrès : mes deux cents pièces de porcelaine peinte trônent dans les cinq cents mètres carrés. Des amis antiquaires m'ont prêté des meubles Art déco et les Tamara de Lempicka rayonnent, mis en valeur dans leur cadre d'origine.

L'espace dédié au cirque est annoncé par *La Fée*, la sculpture en bronze de Philippe, en compagnie de la *Pyramide de Nounours* et du *Cow-boy sur son cheval*, disposées entre mes créations.

La partie orientale, elle, se distingue par une grande tente berbère, sous laquelle une table ronde presque au ras du sol présente mon service de table consacré à ce thème. Je suis assez fière de ces pièces aux contours dorés à la feuille d'or et patinés par mes soins. Des vases et de grands vide-poches complètent la collection.

Enfin le 14 décembre 2002 arrive. Le jour du vernissage ! Dans l'euphorie des préparatifs de cette exposition, j'ai oublié que cette date est aussi celle de l'anniversaire de ma première greffe. Trente-deux ans...

Richard, mes parents et amis sont assez stupéfaits de découvrir la qualité de mon travail. Visiblement aucun ne s'attendait à cela. Même Philippe, qui m'a pourtant vue à l'œuvre, n'en revient pas.

Ai-je enfin gagné mes galons d'adulte indépendante ?

De retour à la maison, je m'effondre.

Pendant quelques matinées, une amie fidèle va devoir accueillir à ma place le public du Palais des congrès. Je suis incapable de me lever.

Mais l'exposition est lancée ! Et c'est un succès ! Des amateurs se manifestent et achètent. Voir partir mes porcelaines me rend un peu nostalgique, mais quelle satisfaction par ailleurs...

Je n'aurai pas le loisir d'en profiter longtemps. Dans les semaines qui suivent, les analyses sont formelles, mon taux de créatinine a doublé : je commence à être sérieusement en danger. Mais je refuse encore la dure réalité. Par instants, pourtant, une petite voix intérieure se fait entendre : « Oh non ! Pas ça ! Pas de nouveau. Et puis c'est impossible, une greffe, ça dure toute la vie, non ? » Ou encore : « Après tout, j'ai déjà connu une période de rejet après la naissance de Julien. Les médecins ont réussi à juguler le processus. Pourquoi n'y parviendraient-ils pas cette fois-ci ? »

Je finis quand même par appeler le praticien qui me suit à Paris, le Dr B. Je le vois régulièrement tous les ans.

Ce jour-là, il m'annonce qu'il vient de prendre sa retraite.

– IX –

RECHUTE

Après m'avoir annoncé son départ de la vie active, et sans doute avoir perçu mon inquiétude, le Dr B. s'enquiert de la cause de mon appel. Je lui communique mes résultats d'analyse. Il me recommande immédiatement au Pr G., urologue à l'hôpital de M., à Paris. Pourquoi un urologue alors que j'ai toujours été suivie par un néphrologue [1] ? Je mettrai du temps à comprendre ce changement d'aiguillage. Pour l'heure, je suis loin d'imaginer que je fais peut-être partie des centaines de patients victimes de la guerre souterraine que se livrent les services, les hôpitaux et, surtout, les médecins.

J'attends les quelques jours nécessaires à la transmission de mon dossier et appelle mon nouvel interlocuteur. L'accueil est dissuasif. La première phrase, lancée

---

1. L'urologue est spécialisé dans l'appareil urinaire, le néphrologue s'occupe plus particulièrement des reins.

du ton sec de celui qui réprimande une gamine, résonne encore à mon oreille :

– Vous n'auriez pas oublié de prendre vos médicaments, par hasard ?

– Bien sûr que non !

Comment peut-on poser une question pareille à une adulte ? Moi qui suis devenue presque aussi calée qu'un médecin sur mon cas, comment pourrais-je « oublier » ma cortisone et mon traitement anti-rejet, qui me garantissent la vie ? Comme toutes les personnes greffées, je suis trop heureuse – depuis trente-trois ans en ce qui me concerne – de pouvoir vivre presque normalement quand tant d'autres attendent en vain l'opération salvatrice.

Aujourd'hui je m'insurge, mais sur le moment je me sens juste déconcertée.

Je sais que les médecins ont à subir tous les jours l'angoisse des malades et qu'ils affectent une « nécessaire distance », comme ils disent... Néanmoins un peu de délicatesse ne nuirait pas : certains patients sont plus fragiles que d'autres...

Je garde pourtant mon calme et me dis que, après tout, cet homme ne me connaît pas. Peut-être a-t-il affaire, parfois, à quelques inconscients. Il en existe.

Lors de cette consultation téléphonique, G. se contente de me demander d'augmenter la dose de cortisone, qui passe de huit milligrammes à quinze chaque matin. En bon petit soldat qui veut sauver son rein, je m'exécute. Je sais pourtant qu'à cette dose je suis contrainte à un strict régime sans sel, afin de ne pas gonfler.

G. m'ordonne, toujours sur le même ton pontifiant, de faire contrôler mon taux de créatinine chaque semaine. Avant de raccrocher, il me prie quand même de venir le voir rapidement et je prends rendez-vous avec sa secrétaire pour le 15 janvier 2003.

Pendant une semaine, je laisse les enfants à Cannes chez leur père et m'installe provisoirement chez Richard, à Paris, en attendant ma première rencontre avec le professeur. Toute la famille est inquiète et j'ai éprouvé le besoin de me réfugier chez mon frère.

Le jour dit, j'enfourche la moto derrière Richard, et nous traversons toute la ville pour nous rendre à l'hôpital.

Nous pénétrons dans le service d'urologie. Une sorte de hall qui ressemble plutôt à un couloir : pas un siège. Sur la droite, nous devinons la porte d'un bureau. Nous y entrons. Une secrétaire, en grande conversation téléphonique, ne semble pas s'apercevoir de notre présence. Ayant été plutôt bien éduqués, nous ne nous imposons pas et sortons attendre dans le couloir, debout !

Cinq minutes plus tard, nous voyons avec surprise une main sortir du bureau – main blanche tendant un papier blanc –, vision surréaliste dans cet univers froid. La personne qui prolonge cette main – la secrétaire –, nous lance un bref coup d'œil et nous interroge, visiblement agacée.

– Oui ? demande-t-elle d'un ton administratif, les pieds fichés entre la porte de son bureau et le couloir.

– Nous avons rendez-vous avec le professeur G., dis-je poliment.

– Ah non ! Pas aujourd'hui mais demain ! proclame-t-elle, triomphante. Il faut d'abord aller faire une échographie du greffon. D'ailleurs, voici l'ordonnance. C'est à effectuer à l'extérieur de l'hôpital, précise-t-elle.

Nous avons maintenant l'explication du papier blanc. Je hasarde :

– Mais tout de même, le rendez-vous est aujourd'hui !

– Il n'en a jamais été question.

Richard, que je sens de plus en plus tendu, explose :

– Ma sœur vient de Cannes, j'ai pris ma matinée pour l'accompagner, et nous ne sommes même pas reçus ? Qu'est-ce que ça veut dire ? Vous nous faites attendre debout dans le couloir, on ne peut même pas entrer dans votre bureau...

La voix de mon frère porte naturellement. En quelques secondes, la voici qui tonne. Tout le service est en émoi. Des têtes apparaissent par des portes entrebâillées. La secrétaire, qui n'en mène plus large, va chercher le professeur. Celui-ci surgit d'un autre couloir, l'air exaspéré. Fugace apparition, qui se contente de réitérer ce que le cerbère nous a aboyé.

– Non, dit-il avec force à Richard, je ne la reçois pas. Elle viendra demain avec son échographie !

– C'est n'importe quoi ! Elle fait un rejet et vous vous contentez de lui balancer une ordonnance. Elle a besoin d'être rassurée un minimum, tout de même ! Elle...

Mais le « grand » docteur a disparu. Richard et moi n'avons plus qu'à nous exécuter. Nous partons, totalement consternés.

Pourquoi, trop souvent, vouloir ajouter ce que je considère comme du mépris à cette grande injustice qu'est la maladie ?

Le lendemain, munie de la précieuse pochette en papier kraft contenant les résultats de l'échographie, je peux me représenter devant le médecin. Malheureusement, Richard n'a pas pu se libérer. Il est retenu par ses obligations professionnelles. Je suis seule pour affronter l'épreuve. Car cette fois, la porte sacrée s'ouvre enfin sur G. en personne, un très bel homme, la cinquantaine, l'allure sportive.

Étrange consultation, à vrai dire... À peine suis-je assise en face de lui, ce médecin que je ne connais pas se met à me parler de Sa vie, de Sa famille, de Sa maison à Saint-Tropez. Je comprends d'ailleurs assez rapidement son seul but et son seul souci : pouvoir passer le plus de temps possible sur la Côte d'Azur. Je ne peux pas le blâmer pour cet héliotropisme positif un peu snob, moi qui ai la chance de vivre toute l'année au soleil. Mais je ne suis pas vraiment là pour ça ! J'ai l'impression que la seule chose qui l'intéresse dans mon cas, c'est que je sois cannoise.

Après son long monologue, G. semble soudain se souvenir que mon dossier est ouvert sous ses yeux, et se décide enfin à s'y intéresser. Il m'avoue ne pas comprendre ce rejet après trente-trois ans (moi non plus). La seule chose à faire, selon lui, est d'attendre une évolution dans la dégradation de mon greffon, ou que le processus de rejet s'enraye.

– Mais je n'y crois pas beaucoup, précise-t-il.

En clair, je suis en train de perdre mon rein et il n'y a rien à faire. Je vais devoir assister à cette mort lente, totalement impuissante.

Devant mon air désemparé, le professeur ajoute :

– Ce n'est pas grave, ne vous inquiétez pas. Si on n'y arrive pas, on vous regreffera !

Je ressors du bureau sur cette phrase réconfortante, avec une ordonnance.

G. a maintenu les doses de cortisone quotidiennes à quinze milligrammes, afin de tenter d'enrayer le processus, et m'a demandé de revenir le voir dans un mois.

Je repars pour Cannes en état de choc. Refaire tout ce parcours ? Tout recommencer ? Je ne peux pas accepter une telle issue. Je ne suis pas prête à revivre les épreuves qui ont été si difficiles à effacer de ma mémoire.

Choc, mais aussi tristesse : ce rein, je l'ai porté en moi pendant toutes ces années comme un enfant et voilà qu'il s'apprête à mourir... Je vais le sentir disparaître sans pouvoir le sauver. Je suis désemparée. Impossible de me projeter plus avant dans la vie.

Papa m'attend à l'aéroport de Nice et me conduit à la maison. L'inquiétude se lit sur son visage quand il pose les yeux sur moi : je ne peux pas cacher mon désarroi.

Julien a maintenant dix-huit ans, et un sens aigu des responsabilités. Il prépare son bac mais ne me lâche pas pour autant. Comme à son habitude quand il veut parler avec moi, il s'installe dans ma chambre, ferme la porte et se plante devant moi :

– Maman, tu n'as pas le droit d'être défaitiste, commence-t-il. Les greffes ont beaucoup évolué depuis les années soixante-dix, et tu ne revivras pas du tout les mêmes choses. Et puis, on est tous là, non ? Ça ne vaut pas la peine de se battre ?

Je ne demande qu'à être convaincue, surtout par mon fils. Il me montre bien que je n'ai pas le choix. Pas question de laisser tomber ma famille !

Mais j'ai besoin de temps, de beaucoup de temps pour accepter l'éventualité d'une seconde greffe. Et cette injustice du sort qui met ma vie en danger pour la deuxième fois.

Plus tard mes enfants éprouveront eux aussi ce sentiment d'injustice, de révolte, qui se manifestera souvent par des crises d'une violence incontrôlable.

Les jours passent. Aucun signe d'amélioration en vue, bien au contraire. Je suis de plus en plus fatiguée, incapable du moindre effort. J'ai même déserté mon atelier de peinture sur porcelaine.

*
* *

Début février 2003, je retourne voir le Dr G. pour une visite et un contrôle sanguin. Cette fois, c'est Philippe qui s'est gentiment proposé pour m'accompagner. L'infirmière me fait entrer dans la pièce réservée aux examens. Quand j'en ressors, nous croisons le professeur en coup de vent dans un couloir – sa grande spécialité, car plus jamais je n'aurai les honneurs de son bureau. Il s'adresse à Philippe, comme s'il parlait de la pluie et du beau temps :

– On se dirige vers l'insuffisance rénale terminale. Bientôt, il n'y aura plus rien à faire. Il va falloir sérieusement songer à la greffe.

Mon frère dit aussitôt :

– Je donne mon rein tout de suite !

Le médecin le prend au mot :

– Puisque vous êtes là, voulez-vous faire une prise de sang ? Nous serons fixés...

Philippe blêmit un peu mais se prête aux examens. Il s'agit, dans un premier temps, de déterminer son groupe sanguin, puisqu'il ne le connaît pas.

En attendant Philippe dans cet atroce couloir, je regarde un grand tableau accroché au mur où sont répertoriés tous les greffés du rein de cet hôpital. Et, à ma stupéfaction, je me vois en tête de liste : je fais partie des plus anciennes greffées de France ! Comment ai-je pu croire que je vivrais avec ce « vieux » rein toute ma vie ?

Le soir venu, je raconte à Richard cette étrange matinée à l'hôpital. Je lui fais part du geste de Philippe. J'ai à peine le temps de finir mon explication qu'il me coupe la parole.

– Moi aussi, je veux faire le test !

Je suis touchée. Entre rire et larmes, je ne sais que

dire... Richard me promet de passer à l'hôpital dès que possible.

Et je repars une nouvelle fois pour Cannes.

*
* *

À la maison, j'essaie de ne pas m'installer dans la maladie. Malgré la fatigue permanente, aggravée encore par le régime draconien auquel je suis astreinte, je fais en sorte de sauvegarder l'essentiel. Ne pas se laisser aller, ne pas donner prise à la déprime, transmettre cette force intérieure à mes enfants en ne démissionnant pas, telles sont mes gageures quotidiennes. Julien et Sarah, d'ailleurs, redoublent d'attentions, m'accompagnent pour faire les courses au supermarché, portent les sacs, m'évitent le moindre effort. À table, la maladie n'a pas droit de cité. Nous parlons de tout sauf de ça. Mes parents se font plus présents, plus attentifs encore.

Je vis au présent, hésitante et silencieuse, à la frontière de la nuit et du jour... Du passé et de l'avenir...

Je m'interroge, dans le calme de ma chambre, sur ce qui a pu provoquer ce rejet, après trente-trois ans de bons et loyaux services. Peut-être ai-je trop demandé à la médecine ? La désinvolture du Dr G. venait sans doute aussi de cette constatation : vous avez déjà vécu trente-trois ans, que voulez-vous de plus ?

N'ai-je donc pas le droit, à cinquante ans, de demander une prolongation ? Aurais-je vraiment assez vécu ? Comme pour m'en convaincre, je passe et repasse dans mon esprit le film de ma vie... N'ai-je pas assez apprécié le don de ma mère ? Ne me suis-je pas montrée ingrate, égoïste et « oublieuse » trop rapidement ? N'étais-je pas condamnée à dire merci toute ma vie ? Mais j'étais si jeune et, comme pour tout le monde, le temps a passé si vite...

Quant à mon « exil » à Cannes, même s'il m'a permis de me trouver et de découvrir une passion artistique, je le regrette un peu. Je me suis éloignée d'amis que j'aimais beaucoup, j'ai fui les nouvelles rencontres... Pourquoi ? Est-ce que, au fond de moi, je ne savais pas que le temps m'était compté et que je me devais de le consacrer à mes enfants ? Plus grave encore, n'avais-je pas peur de la vie ? Soudain, je me mets à repenser à Christophe avec une tendresse et une gratitude infinie. Je voudrais tant aimer un homme encore une fois... Mon corps malade y aspire de toutes ses faibles forces.

Bizarrement, cette sensation puissante me redonne le goût du combat : si on doit aller à la greffe, on ira !

Et si je gagne, les années qui me seront données, je les dévorerai goulûment. J'ai un petit « avantage » : je sais vraiment qu'on est mortel.

Une semaine après mon retour à Cannes, j'apprends brutalement par un coup de téléphone du Dr G. que Philippe n'est pas du groupe O+ (le mien). La première condition incontournable, la compatibilité des groupes sanguins, n'est pas remplie. D'ores et déjà je sais que mon petit frère ne peut pas être donneur : le voilà recalé !

Je l'appelle pour le lui dire :

– Philippe, tu n'auras pas à supporter cette épreuve pour moi...

Nous détournons vite la conversation sur une note plus humoristique, pour faire passer l'émotion.

Reste Richard : nous savons déjà que nous avons le même groupe sanguin. Mais que donneront les tests complémentaires ?

– X –

ET TOUT S'ASSOMBRIT...

En revenant à l'hôpital pour un troisième rendez-vous, je suis déjà en pleurs. Malgré la présence réconfortante de mes frères, je me sens très angoissée : décidément ce service ne me plaît pas, je ne me sens pas en confiance...

Le Dr G. me rend nostalgique d'une autre époque, celle où le Pr Legrain se penchait gentiment sur moi et me rassurait d'une voix douce. Visiblement, G. n'est pas de la même école. Il est vrai aussi que je ne suis plus une adolescente...

Dans l'éternel couloir, il répète, à l'évidence émerveillé par la pertinence de ses propos :

– 2,50 g d'urée, c'est considérable. Il va donc falloir vous greffer.

Je rétorque, assez énervée :

– Cher monsieur, j'ai eu le temps de m'habituer à cette idée !

Il me donne alors quelques indications sur ce que je dois faire et ne pas faire en attendant la greffe. Je l'écoute, tandis que mes larmes continuent de couler. Exaspéré, il me lance :

– Mais enfin, arrêtez de pleurer !

– Qu'est-ce que ça peut vous « foutre », que je pleure ?

Ma réaction est tellement vive que, devant ce sursaut d'énergie, le docteur ne tient pas le choc et s'enfuit prestement, avec toute l'indignité dont il sait faire preuve. Je me retrouve hors de l'hôpital, soutenue par Richard et Philippe, aussi choqués que moi.

Le docteur G. m'a demandé de ne pas quitter Paris. Je dois pouvoir être hospitalisée très vite en cas de problème. Mon taux d'urée, très élevé, me met en grand danger. Il peut provoquer une inflammation du péricarde – cela m'est déjà arrivé –, ou encore une hémorragie cérébrale. Et ma tension flirte avec les 22.

Le régime ne sert plus à rien. Je m'endors comme un bébé dans la journée, ma vitalité s'amenuise de jour en jour, je suis dans un état pitoyable. Ce rein empoisonne mon corps et le fait d'uriner de moins en moins me donne l'impression d'être sale... Dès que j'ai un peu d'énergie, je prends une nouvelle douche. Je me bats, avec difficulté, pour garder le moral.

J'apprends alors avec terreur qu'il faut envisager un passage par la case dialyse, qui filtrera mon sang en attendant le nouveau rein. La pose de la fistule artério-veineuse est prévue pour le 8 avril.

Je découvre avec surprise que les techniques pour acheminer une quantité de sang suffisante vers le dialyseur ont changé depuis le fameux « shunt », le tuyau placé à l'extérieur de mon bras en 1970. Désormais la connexion entre l'artère et la veine, réalisée par le chirurgien, se fait directement sous la peau, par la pose d'une fistule qui reste donc presque invisible. Il faut malheureusement attendre deux longs mois entre la pose de cette fistule et la première dialyse, le temps que la veine et l'artère raccordées se soient parfaitement adaptées à leur nouveau circuit.

Je suis maintenant face au mur, la greffe est mon seul moyen de survie. Richard doit aller faire d'urgence tous les tests génétiques pour savoir s'il peut être donneur. Sans ces résultats qui prendront du temps, la date de la greffe ne peut être fixée.

Il faut aussi, et j'en suis bien consciente, que mon état général s'améliore : aucune intervention chirurgicale de cette importance ne peut s'envisager dans l'état de faiblesse où je me trouve. La dialyse qui va commencer a également pour but d'aider mon organisme à se purifier.

Vivre ainsi sans une date de délivrance est une épreuve supplémentaire, et difficile à surmonter : l'attente commence...

À présent, mon rein ne fonctionne plus. Il me reste une chance : Richard. Je m'accroche à l'espoir qu'il représente comme à une bouée de sauvetage.

Je prends mes quartiers à Montmartre, sur le même palier que mon frère, dans le petit appartement, très agréable, qu'il met généreusement à la disposition de la famille. Comme dans tous les lieux que Richard affectionne, je retrouve son goût pour les espaces ordonnés et bien décorés. J'aime la sensation de calme qui se dégage de cet endroit.

Les journées se suivent et se ressemblent toutes, banales et monotones. Je sors peu dans le quartier. Montmartre est un merveilleux endroit pour le tourisme, mais je n'en profite pas. La butte est pleine de rues en pente et d'escaliers escarpés, autant d'obstacles infranchissables dans l'état physique qui est le mien.

Pour survivre, je dois suivre un régime alimentaire encore plus strict que les précédents. Je retrouve les privations de 1970. Je bois le moins possible pour éviter les œdèmes, ne mange pas de fruits, pas de légumes secs. Certains légumes frais et le chocolat me sont également interdits : le potassium contenu dans ces aliments, habituellement éliminé dans les urines, s'accumulerait dans mon sang et deviendrait un poison pour le cœur. Il faut aussi éviter les laitages, certains poissons, certaines viandes trop riches en phosphore, ce qui aurait pour effet d'entraîner un déséquilibre du rapport entre le calcium et le phosphore. Et lorsque ce dernier grimpe, j'ai des crises de démangeaisons.

On n'imagine pas comme la nature est bien faite : ce travail d'équilibre, de filtre, de tri, dans notre organisme, ce sont les reins seuls qui s'en chargent. Sans eux...

Mon réfrigérateur est constellé de listes à n'en plus finir sur tous les aliments proscrits. Les carences commencent à se faire sentir. Je n'avais pas beaucoup de forces, je n'en aurai bientôt plus aucune.

*
* *

En mai 2003 arrive enfin le résultat du test de Richard : « HLA identique ». Je suis sauvée ! Mon moral remonte en flèche : la greffe est désormais envisageable.

HLA... Ces initiales anglaises, qui signifient *Human Leucocytes Antigens*, désignent des protéines qui permettent au corps de reconnaître les cellules lui appartenant. Outil indispensable pour la défense de l'organisme contre les agressions extérieures, virus et autres parasites, le système HLA joue aussi un rôle important en cas de greffe. Plus les HLA du donneur et du receveur sont différents, plus le risque de rejet de l'organe greffé est important. C'est pourquoi on favorise les donneurs apparentés.

Il existe deux niveaux principaux de compatibilité qui autorisent une greffe aux chances de réussite élevées. Ce sont les systèmes HLA semi-identiques, et les identiques. Bien sûr, théoriquement, la greffe avec un HLA identique est supposée durer plus longtemps. Mais il n'y a pas vraiment de règle. Maman et moi sommes « semi-identiques » or son greffon a tenu trente-trois ans, battant ainsi des records de longévité.

Le Pr G. me donne rendez-vous pour une consultation et m'annonce qu'il envisage la greffe le 8 août 2003.

– Vous connaissez le parcours du combattant, il va être long et dense... Mais il va être aussi difficile pour votre frère, il va falloir que je le voie et qu'on lui explique...

Au sortir de cette entrevue, désorientée, je m'installe seule à une terrasse de café. J'ai l'expérience de la souffrance, des attentes interminables, des examens à répétition... Mais comment puis-je infliger cette épreuve à mon frère ? C'est un homme en pleine santé ! Je suis bouleversée par son geste, par cette décision de générosité spontanée qu'il a prise, et dont je vais profiter, mais sait-il vraiment à quoi il s'expose ? Partagée entre l'honnêteté de lui souligner que ce sera une expérience difficile pour lui, et la peur égoïste qu'il renonce, je ne sais ni que dire ni que faire... Je suis si désemparée que, si je n'avais pas d'enfant, il me viendrait sans doute à l'idée de me suicider. Arrêter de « peser » sur les miens, de les mettre sans arrêt à contribution...

Mais j'ai deux enfants qui m'ont bien fait savoir, même si ce fut parfois de manière brutale, qu'ils m'exigent en vie. Alors...

Alors je demande à ma mère d'expliquer à Richard une chose importante : il est encore possible de tout annuler, il a le choix... Je veux qu'il ait le choix !

La réponse de mon frère est immédiate et me parvient par texto :

– Marie, ne t'inquiète pas. Je suis tout à fait serein par rapport à ma décision. Je sais à quoi je m'engage.

*
* *

Juin 2003 : le calendrier fait office de compte à rebours. Dans deux mois, ce sera la greffe salvatrice et je pourrai tourner la page. Cette issue prochaine m'aide beaucoup à tenir.

Mais, curieusement, je me sens partagée entre une hâte d'être débarrassée, sauvée, et une nécessité de reculer l'échéance. Je suis prise dans un tel tourbillon... Je voudrais quelques jours de répit : ce n'est pas la peur de l'intervention qui me fait réagir ainsi mais un sentiment étrange, comme si mon corps épuisé me demandait lui-même de freiner le cours des événements.

Nous commençons les examens requis pour l'intervention, tant chez le donneur que chez le receveur d'organe.

Je suis repartie quelque temps à Cannes et, comme la course de fond démarre avec une mammographie, je la fais dans cette ville. La précédente « mammo » ne date que de six mois mais je préfère avoir un dossier totalement actualisé. Je vais donc tranquillement à mon rendez-vous.

Au moment où je m'apprête à récupérer les clichés, la radiologue m'interpelle d'un air soucieux :

– Il y a quelque chose qui m'ennuie... Quelque chose que je ne vois pas sur vos anciennes radios. Une petite calcification douteuse... Il est préférable d'envisager un prélèvement.

Un peu ahurie, je lui demande :

– Mais c'est quoi ?

La réponse est fuyante et vague.

– Je ne suis que radiologue, mais il faut pousser un peu plus loin les recherches.

Je n'en saurai pas plus. Encore une fois, silence en ligne...

Très inquiète, je me rends aussitôt chez mon gynécologue, dans la région, avec mes radios. Celui-ci plaque les clichés sur le tableau lumineux accroché dans son cabinet, et s'immobilise dans un mutisme contemplatif qui n'en finit pas.

Au bout de quelques minutes, je me décide à lui demander ce qui se passe. Pas de réponse. Je le presse alors de me dire la vérité. Je prononce même ce mot que personne ne semble vouloir dire devant moi mais auquel tout le monde pense :

– C'est un cancer ?

Il élude.

– Je ne pourrai vraiment me prononcer qu'après le prélèvement. En tout cas je vous conseille de ne pas en parler au Dr G., votre greffe risquerait d'être retardée.

Et il conclut, avec une légèreté inimaginable :

– On verra bien après...

Je suis sidérée. J'en ai encore la chair de poule en l'écrivant.

Je fais remarquer à ce médecin qu'il me propose ni plus ni moins de prendre le risque de tout foutre en l'air. Si je m'engageais avec lui dans ce mensonge, je pourrais me retrouver, six mois après la greffe, avec un cancer à combattre. Il faudrait alors impérativement arrêter le traitement anti-rejet, puisqu'il diminuerait les défenses immunitaires et favoriserait le développement de la tumeur. Cela signifierait la mort de mon nouveau rein et réduirait à néant le geste inestimable de mon frère ! C'est du délire, de la folie pure ! Comment un médecin ose-t-il me faire une telle proposition ?

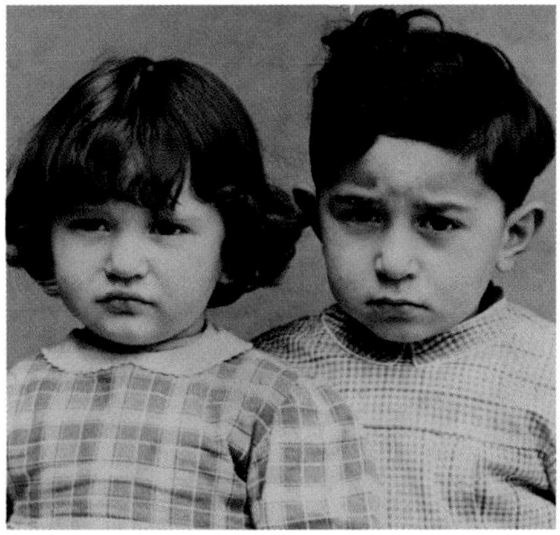

Avec Richard. L'époque des nounous…

Maman et papa : deux stars hollywoodiennes le jour de leur mariage !

Richard et moi, dans le salon de la rue d'Enghien. Maman avait bien amorti son coupon de tissu !

Partie de pêche à Saint-Raphaël avec Philippe et Richard.

Entourée de Nadia et Annabelle, mes deux inséparables.

Au carnaval de Venise, cinq ans après ma première greffe…

Ma boutique « Domino », à Boulogne-Billancourt.
J'ai toujours adoré la déco…

Steve, mon ex-(beau) mari.

À gauche, maman porte ma fille Sarah. À droite, ma chère Mone est venue compléter cette famille de cœur.

Mes démons, mes deux amours…

Sacré Julien !

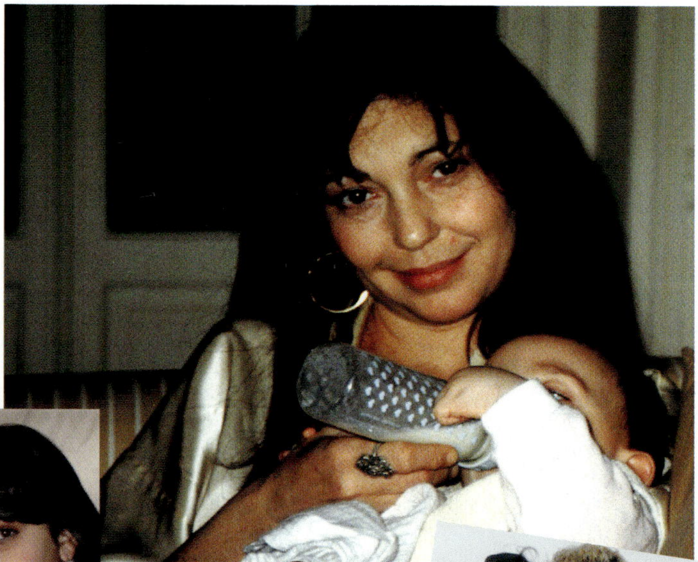

Sarah,
mon cadeau du ciel.

Maman,
une grand-mère
gâteau !

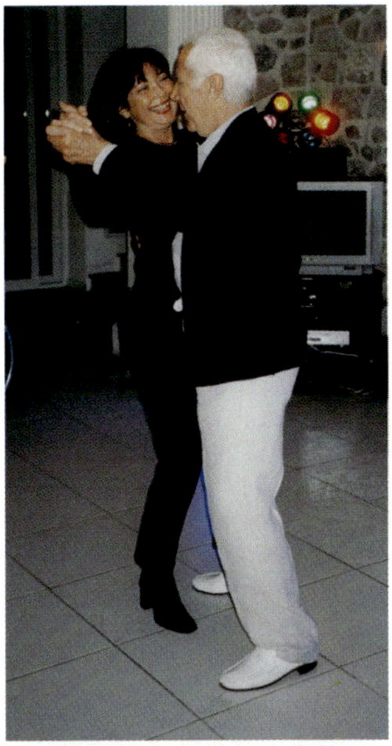

Rock endiablé avec Richard. Moment d'exception : mon frère ne danse jamais…

Ma grande passion : le tango argentin, avec papa.

Les trois premiers hommes de ma vie : Richard, papa et Philippe.

La pyramide de nounours de mon frère Philippe.

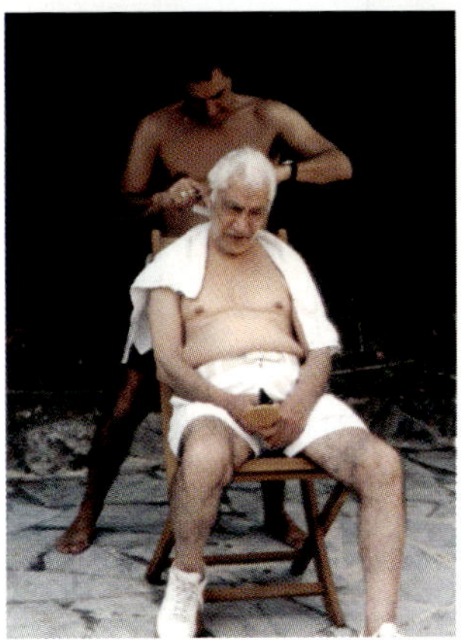

Quand un comédien prend les ciseaux pour rafraîchir la coupe d'un ancien coiffeur… un souvenir mémorable !

Aux côtés du Pr Legrain et de maman.
Nous fêtons mes vingt ans de greffe.

Le Pr Rottembourg.
Mon médecin préféré…

Moment d'émotion à Jérusalem…

Marie, ma sœur, la délicatesse de ton talent fait disparaître l'objet pour nous laisser la liberté de rêver…
Marie, ma sœur, tu es comme une de ces porcelaines. Fragile et belle comme elles.

Richard

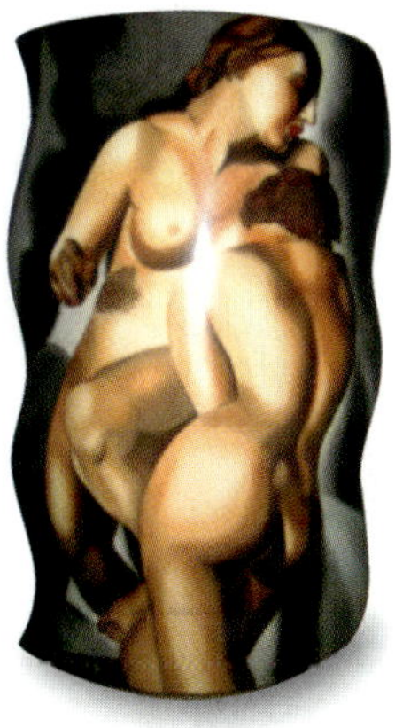

Les nounours de Philippe… sur porcelaine !

Deux mois après l'opération. Mon frère et moi sommes maintenant liés, aussi, par le combat que nous nous sommes engagés à mener pour le don d'organe.

Il me répond sans sourciller qu'il s'agit pour lui de ne pas perdre la face, car il a déjà envoyé à l'équipe de la greffe un bilan gynécologique parfait. La découverte inopinée de cette anomalie le ferait peut-être passer pour quelqu'un de négligent.

Au bord de la suffocation, je n'ai qu'une envie : fuir... À quoi bon argumenter quand l'inconscience est aussi patente ?

Une fois dehors, je respire à grandes bouffées l'oxygène qui m'a manqué durant cet entretien, tentant de retrouver un peu de calme après cette scène que je n'aurais jamais osé imaginer. Inutile de préciser que je n'ai plus remis les pieds dans le cabinet de ce praticien.

*
* *

Ma fonction rénale est entrée dans sa phase terminale. Mon rein ne tiendra pas la distance jusqu'à la greffe. Le pronostic sombre de G. se réalise, je dois être dialysée très vite. Direction la capitale où j'arrive avec l'intention de montrer ma mammographie au Pr G., pour qu'il me dise où effectuer, le plus rapidement possible, le prélèvement souhaité par la radiologue.

Mais pour l'instant je dois parer au plus vital : trouver une place dans un centre de dialyse. L'équipe de G. m'en propose un, situé en banlieue sud. Je ne suis pas très enthousiaste à l'idée de faire des dizaines de kilomètres aller et retour tous les deux jours. Je demande donc avec insistance de rester à Paris.

On finit par m'indiquer du bout des lèvres un petit centre du onzième arrondissement, dirigé par un certain Dr Jacques Rottembourg, néphrologue.

Ce nom fait aussitôt tilt dans mon esprit. Ce médecin, je le connais depuis ma première greffe, quand j'avais dix-sept ans. Il était alors interne à l'hôpital Foch, dans le service du Pr Legrain. J'en ai un souvenir peu précis, mais bienfaisant. Enfin une figure du passé, quelqu'un sur qui, peut-être, je vais pouvoir compter...

Je l'appelle immédiatement pour lui demander s'il dispose d'une place dans son centre. À peine ai-je prononcé mon nom qu'il m'interrompt.

– Mais je vous ai connue quand j'étais en culottes courtes et vous en minijupe !

Les culottes courtes signifient, dans sa bouche, l'époque où il était interne.

Je prends immédiatement rendez-vous avec lui pour la consultation avant la dialyse, trop heureuse de le revoir.

Enfin une bonne nouvelle !

– XI –

UN MÉDECIN PAS COMME LES AUTRES

Le Pr Rottembourg me fait face, ses yeux à la fois malicieux et rêveurs plantés dans les miens. Il oscille en permanence entre le sérieux imposé par la clarté de ses explications et un humour qui dédramatise, détend, fait prendre le recul nécessaire pour ne pas tomber dans le pathos si vite présent dans ce genre de situation. Enfin de l'écoute ! Du respect ! De l'humanité !

Lors de cette entrevue, je lui pose une question qui me tracasse depuis que j'ai retrouvé sa trace. Pourquoi ne m'a-t-on pas dirigée vers lui dès les premiers signes anormaux ? Pourquoi ai-je été envoyée chez un urologue, certes rompu à la transplantation, alors que lui, néphrologue de renom, était à son poste ?

L'explication me laissera sans voix : la guerre entre spécialistes bat son plein.

Avec humour, du moins je le crois, je lui demande :

– Pourquoi, il n'y a pas assez de malades sur terre ? Ou y a-t-il trop de spécialités en médecine ?

Et j'enchaîne aussitôt, trop heureuse de me libérer enfin :

– En tous cas « mon spécialiste à moi » ne me plaît pas du tout, mais pas du tout, du tout...

Je lui explique « en vrac » ma relation extrêmement « virtuelle » avec le Pr G.

Il sourit et me dit :

– Pour l'instant, calmez-vous, Marie. Un problème après l'autre, on verra plus tard...

Têtue, j'insiste :

– Je ne veux plus de ce spécialiste, je n'ai pas confiance !

*
* *

Un jour, au cours d'une dialyse et avec l'idée d'écrire ce livre, j'ai demandé au Dr Rottembourg de me raconter son parcours. Peut-être alors, me suis-je dit, comprendrai-je ce qui le rend si différent de tant d'autres médecins. En l'écoutant, il m'a semblé qu'un pan entier de l'histoire médicale m'était ainsi livré, et que chacun pourrait y trouver les clés qu'il voudrait pour décrypter les maux actuels dont souffre ce « corps » si particulier.

Au début de l'été 1966, le jeune Rottembourg arrive comme externe à l'hôpital Foch, sous la direction du

Pr Legrain, à un poste de confiance : il s'occupe des dossiers des greffés.

– Vous aimez la chirurgie ? lui demande le professeur.

– Oui !

Il enrôle donc son externe dans un programme expérimental de greffe chez l'animal. Cent cinquante chiens sont opérés par ses soins. Rottembourg apprend à cette occasion tout ce qui concerne les traitements immunosuppresseurs, pour empêcher les rejets.

Legrain, qui juge sa jeune recrue compétente, décide de lui réserver un poste de chef de clinique, quand il aura fini ses études. En attendant, il lui déclare :

– Validez la cardiologie, c'est important, car vos greffés et vos dialysés peuvent avoir des problèmes cardiaques...

Rottembourg se lance et devient, en l'espace de quelques années, cardiologue spécialisé en néphrologie, réanimateur et diabétologue.

– Le but de tant de formations ? demandé-je.

– Avoir une optique globale et pouvoir argumenter avec tous les spécialistes, répond-il.

En 1972, toute l'équipe du Pr Legrain déménage à l'hôpital de la Pitié-Salpêtrière. Rottembourg, devenu interne, se fait happer un jour par un autre professeur, spécialiste des greffes cardiaques. Il va en faire plus de deux cent cinquante...

– Vos horaires de travail ?

– Environ quatre-vingt-dix heures par semaine.

– Nous sommes loin des trente-cinq heures, lui fais-je remarquer.

En 1973, notre touche-à-tout rapporte des États-Unis les premiers appareils à mesurer la glycémie en se piquant le doigt, largement utilisés aujourd'hui, et dans le monde entier, par les personnes atteintes du diabète. Ce dispositif permet de surveiller au jour le jour le taux de glycémie, évitant ainsi les malaises qui vont parfois jusqu'au coma. Rottembourg s'attache ainsi à améliorer le sort des diabétiques en dialyse.

– Il y a trente ans, ils étaient condamnés à mort dans des délais très brefs, précise-t-il. Il était urgent de faire quelque chose pour eux.

1975 voit une de ses inventions brevetée : un contrôleur d'ultrafiltration pour le dialyseur. Souci constant : parfaire ce qui existe, trouver de nouvelles solutions innovantes. Ce dispositif, présent désormais sur toutes les machines de dialyse, permet de contrôler avec précision la perte de poids pendant la séance. Avant c'était aléatoire, maintenant c'est précis.

En 1984, un médicament révolutionne l'espérance de vie des greffés. De 10 % elle passe à 80 %, grâce à la ciclosporine (cela en dit long sur la chance que j'ai eue en 1970...).

À partir de 1981, Rottembourg crée des structures de dialyse en prison. Jusque-là, les prisonniers étaient reçus dans les centres hospitaliers et devaient subir leur traitement menottés, les pieds attachés, pendant huit heures.

Enfin, le 7 mars 1992, c'est l'ouverture du centre que le néphrologue dirige aujourd'hui. Celui dans lequel je m'apprête à me faire dialyser porte le nom de Suzanne Lévy. Une édifiante histoire.

« Un soir, me conte Rottembourg, ma femme et moi allons visiter la nouvelle acquisition d'un couple d'amis. Ils viennent d'en terminer les travaux et désirent nous montrer leur réalisation. Réunion de deux ateliers, verrière, ensemble sympathique et bien pensé dans le onzième arrondissement. Une idée me vient immédiatement à l'esprit, que j'exprime tout haut :

» Ça ferait un beau centre de dialyse !

» Mon hôte, en entendant ces mots, s'évanouit.

» Quand il reprend ses esprits, il me raconte que sa mère, il y a dix ans, est morte d'insuffisance rénale car elle n'avait pas pu être dialysée. Elle était étrangère, n'avait pas de Sécurité sociale, et personne n'avait voulu prendre le risque.

» – Bien sûr, je serais plus que partant pour cette idée, me dit-il, les larmes aux yeux.

» Peu de temps après, j'explique à notre ami que pour lui acheter l'appartement en vue d'en faire un centre, le délai de l'administration peut être très long. Il me réplique :

» – Si tu veux réaliser ce projet, j'attendrai l'éternité s'il le faut... »

Aujourd'hui, à l'entrée de la salle principale du centre, on peut lire : *« À celle qui n'a pas pu être dialysée. »*

Tel est le médecin que j'ai en face de moi. Intègre, intelligent, ouvert, curieux, proche de ses malades, mais aussi d'une compétence et d'un dévouement qui ne comptent pas leurs heures. Un homme qui « exerce » sa passion quotidiennement et permet à des centaines de patients de vivre dans de meilleures conditions, voire de vivre tout court. Le portrait du médecin tel que nous aimerions tous qu'il soit. Pas un surhomme, mais quelqu'un qui porte en lui une vocation et la partage.

Dans ce monde occidental, riche et appauvri, l'admiration va si facilement à ceux que l'on appelle les *« people »*... Les mots sont « fric », « gloire », « pouvoir » et « sexe »... Je préfère garder mon admiration, mon respect et mon estime pour les hommes de science et de cœur.

*
* *

Pour l'heure, le Pr Rottembourg m'accueille dans son centre. Ambiance de ruche. Cliquetis. Pas feutrés. Gestes précis. Chaque malade, sur son fauteuil inclinable, est branché à une machine. La fistule percée des deux côtés par une aiguille de grosse taille est reliée à deux tubes – l'un partant de la veine, l'autre de l'artère –, serpentant jusqu'à un dispositif complexe. La pièce maîtresse, le rein artificiel, est une sorte de tube transparent d'environ sept centimètres de diamètre et vingt-cinq centimètres de long, coloré, comme le reste, par le sang du malade. Quelques poches de sels minéraux entrent dans le circuit pour apporter des nutriments à l'organisme.

Le dialyseur en lui-même fait penser, par sa taille, à une petite armoire surmontée d'une sorte de gyrophare qui s'allume et émet un son strident en cas de mauvais fonctionnement. Un écran informatique montre les réglages de perte de poids, de vitesse de pompage et toutes les informations concernant le processus. Une installation somme toute compliquée, hérissée de tubes, mais parfaitement logique : comme d'habitude, d'un côté le sang sale est pompé, de l'autre il est réinjecté propre. Les déchets, eux, sont évacués par un circuit spécial. C'est grâce à cet assemblage que nous, les dialysés, demeurons en vie.

La salle principale, toute en longueur, abrite une rangée de huit fauteuils et leurs huit machines. En visitant plus tard le centre, je me rendrai compte que les patients sont répartis dans toutes les pièces de ce qui aurait dû être un confortable duplex familial !

Le personnel est aimable et souriant, l'ambiance bon enfant malgré la terrible servitude de la dialyse. Pour supporter ces quatre heures d'affilée (et non plus huit heures comme en 1970), cette perte de poids – entre deux et quatre kilos par séance suivant les gens et les jours –, et l'épuisement total qui s'ensuit pendant encore plusieurs heures, il faut bien un peu de chaleur, un zeste de sagesse et d'humour, sinon c'est l'enfer assuré.

Ce jour-là cependant, malgré la gentillesse autour de moi, la séance est difficile. En effet, ma fistule n'est pas encore assez développée, la pression pas assez forte du côté de la veine. Heureusement, Rottembourg a prévu un procédé de secours, utilisé couramment : on ne pique *que* dans l'artère, avec une double branche. Le sang rentrant et le sang sortant se confondent, on est deux fois moins bien dialysé, mais cela permet de parer au plus urgent.

Et surtout, cela remplace avantageusement le cathéter, sorte de boîtier extérieur relié directement à l'artère, sur le cou, très difficile à supporter et source fréquente d'infection, solution suggérée par le Dr G. et catégoriquement refusée par moi...

Je vis désormais au rythme épuisant des dialyses, lundi, mercredi et vendredi. Mais ce n'est pas, malheureusement, mon seul problème.

*
* *

Le début du mois de juillet, dans notre pays, marque le commencement d'une période pendant laquelle il vaut mieux ne pas tomber malade. Les médecins ont en général déserté leur poste, comme bon nombre de leurs compatriotes, pour rejoindre des rivages plus vacanciers. Pourtant, je dois avouer que j'ai de la chance : en l'absence de G., en villégiature à Saint-Tropez comme il me l'avait annoncé, je fais la connaissance d'une femme formidable, le Dr Saïda. Elle remplace avantageusement son confrère.

En voyant mes radios, cette femme aimable et compétente me dirige aussitôt vers un spécialiste du sein, le

Dr M., qui exerce dans le même hôpital qu'elle. Grâce à son entremise, j'ai un rendez-vous très rapide, auquel je me rends en compagnie de Richard.

M. examine longuement les clichés. De nouveau, ce silence qui me semble durer une éternité, ces hésitations :

– Je ne sais pas, il faut voir...

Personne ne me dira donc ce que j'ai ? L'angoisse s'empare de moi une fois de plus. Le Dr Saïda a toutefois averti G. par téléphone, sur son lieu de vacances. En accord avec M., décision est prise d'intervenir le plus vite possible. L'échéance de la greffe est très proche et le doute, étant donné les radios, ne laisse pas d'autre choix que d'opérer mon sein pour prélever, analyser, et tant qu'à faire, enlever la grosseur suspecte. G. ne veut pas prendre le risque de réaliser la greffe tant que les résultats de ce prélèvement ne lui seront pas parvenus. Ce en quoi il a totalement raison...

Le 7 juillet, entre deux séances de dialyse, l'intervention a lieu. Bref acte chirurgical, suffisant pour enlever la grosseur détectée.

L'ablation s'est bien passée. Mais quel sera le verdict ? Je me sens emportée dans une nouvelle tornade qui m'aspire. Consultations, analyses, dialyse, examens, opération... Mon corps ne m'appartient définitivement plus, seuls les médecins peuvent en disposer. Quand cela s'arrêtera-t-il ?

Il fait très chaud. La canicule s'est installée à Paris, lente cuisson de la ville à demi désertée. L'hôpital tourne au ralenti, faute de personnel. Je téléphone pour savoir où en sont les analyses réalisées sur la tumeur de mon sein droit : rien n'avance. Je me refuse à penser au pire et pourtant j'ai un mauvais pressentiment.

Un voile épais s'interpose entre l'avenir et moi...

Quelques conversations téléphoniques avec Julien, resté à Cannes, me remontent le moral. Sarah demeure près de moi, allant et venant entre ses amies et ses cousines, papillonnant dans la ville surchauffée. J'essaie autant que possible de la tenir éloignée de ce monde médical qui la stresse, l'angoisse, mais elle insiste pour rester avec moi, malgré ses treize ans.

Arrive enfin ce coup de téléphone tant attendu !

Le Dr Saïda m'annonce que les résultats d'analyses sont prêts et me propose de venir dès le lendemain en prendre connaissance dans son bureau, à l'hôpital.

Je trouve un peu suspect qu'elle ne veuille pas me les communiquer par téléphone. En même temps, je n'ai pas le courage d'insister, figée dans l'inquiétude.

– XII –

JOURNÉE ROSE

Ce matin, je vais enfin entendre le verdict de la bouche du Dr Saïda. J'ai du mal à puiser des ressources positives en moi. La peur, certainement, m'en empêche. Que va-t-elle m'annoncer ? Cancer ou pas ? Greffe ou pas ?

Comme la veille et l'avant-veille, la chaleur stagne sur Paris. Les habitants semblent pris au piège, tentant d'échapper au soleil en profitant de la moindre fraîcheur éphémère. Un verre d'eau avec des glaçons me soulagerait mais j'économise la boisson, pour éviter le gonflement de mon corps entre deux séances de dialyse. Et pourtant je meurs de soif, ça tourne à l'obsession !

Richard est en tournage en Belgique. Il téléphone tous les jours pour prendre des nouvelles et me parler. Il a dû, lui aussi, passer par toutes sortes d'étapes, de contrôles, d'examens. Il a été reçu par le Pr G., qui n'a rien fait pour l'encourager à donner son organe, bien au contraire...

Il est évident qu'il est beaucoup plus risqué pour un chirurgien d'enlever un organe sur un homme vivant et en pleine santé que sur un homme mort. Quant à prendre ce risque, on comprend que face à la vague américaine de procès – justifiés ou non – faits aux médecins, ceux-ci, aujourd'hui, aient peur des avocats et se sentent moins libres. Avez-vous remarqué qu'avant une opération le chirurgien fait signer aux malades un papier qui le protège ?

Un de mes amis très chers, professeur d'université, s'est retrouvé un jour avec le bras gauche paralysé : un nerf était coincé au niveau des cervicales et il fallait l'opérer d'urgence. Le chirurgien lui demanda de signer un document où était mentionné qu'il acceptait, comme premier risque, qu'au cours de l'opération ses cordes vocales soient lésées... En quelque sorte il retrouverait l'usage de son bras mais il pouvait devenir muet ! Mon ami a refusé de signer... On l'a opéré quand même. Et le chirurgien s'est étonné que, dans les heures qui ont précédé l'opération, mon ami ait fait un malaise cardiaque !

Je pense là encore, et très modestement, qu'il faudrait nuancer ce qu'on appelle trop aisément « la vérité aux malades ». Avocats et médecins devraient retrouver parfois leur rôle essentiel : aider les gens en leur expliquant « le principe de réalité », et en les protégeant d'eux-mêmes. Quel panache y a-t-il à faire carrière sur le principe de peur ?

Il y a des moments dans la vie où il faut faire confiance à son médecin, à condition que le médecin ait confiance en lui.

*
* *

Ce matin, donc, c'est Philippe qui doit m'accompagner à ce rendez-vous tant attendu. Je m'aperçois que je suis prête en avance et décide de descendre un peu plus bas dans la rue pour aller à la rencontre de mon frère... Pour une fois, je regarde Montmartre avec émotion et je me dis qu'un jour, peut-être, je pourrai déambuler dans ces jolies rues, monter et descendre les escaliers sans avoir peur de tomber et sans économiser mon souffle... Agacée par la chaleur étouffante et l'attente, et bien que chaussée de tongs (sans doute pas les chaussures les mieux adaptées, mais j'aime beaucoup les tongs), je m'enhardis à descendre un escalier séduisant.

En une seconde, mes sandales font office de savonnette. Je dévale les marches une à une, dans une chute infinie, hors contrôle. Je hurle de douleur. Je me stabilise enfin sur un palier, allongée de tout mon long, sur le flanc, hors d'haleine, affolée car ma fistule a été heurtée durant ma chute. Dans un sursaut, je réussis à atteindre mon téléphone portable.

– Maman, ça ne va pas ? s'inquiète Sarah.

Je m'aperçois que j'ai le souffle coupé.

– Non... suis tombée...

– Mais où ?

– ... marches... face... café, viens... vite !

– Où as-tu mal, maman ?

– Viens ! réussis-je encore à articuler avant de raccrocher et de me recroqueviller sur ma douleur.

Tout s'enchaîne. Ma fille arrive, prévient Philippe. Une amie du quartier appelle les pompiers (toujours admirables d'efficacité et de gentillesse) : ils débarquent en même temps que mon frère et ma fille.

À demi consciente, j'ai l'impression d'être dans une série américaine : sirène, brancard, oxygène... Et me voilà au service d'urgences d'un grand hôpital parisien.

Je souffre atrocement.

Des heures d'attente dans un couloir bondé en plein cœur de cet été meurtrier qui fera date dans les annales de la France. Des vieillards et des blessés, déshydratés, hagards, en nage, mendiant le regard des internes débordés... Spectacle hallucinant, Cour des miracles où se retrouvent tous les éclopés de Paris...

Enfin j'ai droit à une radiographie (impossible pour une fois de râler, trop de gens sont en danger autour de moi).

Le diagnostic tombe comme une sentence : fracture du coccyx et du sternum ! J'y prête à peine attention sur le coup : je ne suis vraiment préoccupée que par le verdict du Dr Saïda que Philippe a prévenue de notre retard : cancer ou pas cancer ? Greffe ou pas greffe ?

J'arrive à l'hôpital où m'attend le Dr Saïda... sur une chaise roulante ! Et j'imagine le spectacle que j'offre... Humour oblige : pour ne pas tomber dans le désespoir, je resitue cette scène dans un film comique : le spectateur penserait que trop, c'est trop !

Je peux à peine rester assise, tantôt sur une fesse, tantôt sur l'autre, le coccyx martelant sa présence à chaque tour de roue. Pieds nus, souffrant le martyre, respirant à peine, choquée, mon fauteuil conduit par Philippe en nage et hagard, je pénètre dans le bureau du Dr Saïda. Celle-ci s'enquiert de mes nouvelles mésaventures puis m'annonce, le plus doucement et avec le plus de tact possible : *carcinome in situ* au sein droit... En termes moins savants, un cancer du sein.

On me tend un verre : j'avale trois calmants cul sec.

À cet instant je me fiche de tout, de mes seins et de mon coccyx, je ne vois qu'une chose, car j'ai déjà compris : je ne serai pas greffée le 8 août.

Et là, je craque... Pleurs, cris, colère, et même, pour la première fois de ma vie, haine ! Une scène classiquement dramatique...

Heureusement mon amie de toujours, Ange-Marie, appelée discrètement par Philippe, m'a rejointe rapidement et pose les questions au Dr Saïda, ce que ni mon frère ni moi n'avons plus la force de faire. La soif et la chaleur ont fini par m'anéantir.

Mais soudain, une phrase me ramène à la réalité : on m'explique que j'ai de la chance ! De la chance ? Mon seul rein fonctionnel foutu, les dialyses épuisantes, la greffe repoussée à la saint-glinglin, le sternum et le coccyx en morceaux et maintenant un cancer du sein : qui dois-je égorger ?

Il y a pourtant un peu de vrai dans cette assertion maladroite. Cette forme de cancer n'est pas infiltrante, ce qui signifie que je n'aurai pas à subir de chimiothérapie, mais simplement et seulement cinq semaines de radiothérapie... Cinq semaines... Cela me fait penser aux congés payés. Dans quelle villégiature, cette fois, vais-je me trouver ? Je m'entends murmurer :

– S'il vous plaît, en Écosse !

Ils me regardent tous, inquiets : j'échappe de peu, en plus, à l'hôpital psychiatrique !

Quand je repense à ce moment, ma dignité m'interdit de décrire la pauvre chose que j'étais sur ce fauteuil roulant.

Récapitulons (mon cerveau à l'air de fonctionner !) :

– Pour soigner mon cancer, je dois arrêter mes médicaments mais continuer mes dialyses.

– Seulement, sans médicaments, je risque un rejet fulgurant de mon rein malade. On doit donc me l'enlever.

– La date prévue pour me détransplanter est fixée au 8 août, seule date possible pour le Dr G. Ironie du sort, cette date est celle où je devais être greffée !

Mon ange gardien a dû partir en vacances avec le Dr G., sans doute à Saint-Tropez...

Soudain Philippe craque à son tour, blanc comme un linge. Face à l'accumulation des événements de la journée, il montre des signes de malaise imminent : il est en pleine crise d'angoisse. Le Dr Saïda lui conseille d'avaler un tranquillisant et de rentrer chez lui. Les médecins savent très bien, avec une précision scientifique, quand l'entourage, même le plus aimant, n'est plus utile à leur patient. Et nous, les grands malades, devons aussi « économiser » cet entourage. C'est paradoxal, mais humain.

Mais de là à apprécier le nombre incroyable d'« amis » qui se contentent de vous téléphoner pour vous dire « excuse-moi, je ne peux pas venir te voir : je n'aime pas les hôpitaux », il y a une marge.

Nous, les malades, bien entendu, nous les adorons !

La journée est loin d'être terminée. Les réjouissances doivent impérativement se terminer par ma dialyse. Il m'est impossible d'y renoncer.

Il est d'abord urgent de déboucher ma fistule, mise à mal après la chute. Je ne vais pas rentrer dans les détails de cette intervention que je qualifierai de boucherie. C'est le moment le plus douloureux que j'aie eu à subir depuis le début de ma maladie. Ange-Marie, qui m'attend derrière la porte, n'est pas près d'oublier mes hurlements, qui résonnent dans tout l'hôpital. Il faudra une heure pour venir à bout de ce caillot, une heure pendant laquelle l'anesthésique n'aura aucun effet face au ramonage cruel de mes veines.

Lorsque je ressors de la salle d'examen, je suis en état de choc, livide, les yeux creusés, le bras meurtri et à moitié nue tant je suis pressée de quitter mes tortionnaires. Je demande à mon amie de me rhabiller.

Il est environ 19 heures, une ambulance m'attend pour m'accompagner en dialyse. Je libère Ange-Marie et termine seule ce jour noir par deux heures de dialyse épuisantes, l'esprit ravagé par la peur, l'horreur et l'incrédulité devant une telle accumulation de coups du sort.

*
* *

Enfin dans mon lit, chez moi, je n'arrive pas à dormir : qui pourrait dormir ?

La chaleur le dispute à la douleur et à l'énervement.

Ce cancer, cette chute, pourquoi ?

On aimerait trouver un sens. Un message de la galaxie qui dit « Dégage, tu as assez vécu ! », un message venu de je ne sais où, « C'est pour te mettre à l'épreuve, Marie ! ». Et bla-bla-bla, et bla-bla-bla.

J'essaye de m'en tenir aux faits, d'écouter ma conscience et de convaincre mon inconscient de partir à Saint-Tropez !

Je vois ma peau abîmée par la cortisone, imbibée de ce médicament, comme parcheminée, si fragile, toujours surveillée, avec ses kératoses, sorte de boutons rugueux qui pourraient évoluer en tumeurs si on ne les enlevait pas. Mon corps intoxiqué n'en peut plus, de cette cortisone. Il a besoin de se reposer avant d'aborder une seconde greffe, de se purifier. Le cancer, qui rend impossible la prise de mes comprimés quotidiens, lui fournit, paradoxalement, le répit dont il a besoin.

Quant à la chute, elle n'est que l'exacte traduction de ce qui se passait en moi la veille du rendez-vous fatidique avec une vérité que je ne voulais pas entendre, cancer signifiant report de la greffe. Alors, report pour report, autant que ce soit causé par une simple paire de tongs !

Bien sûr, je pourrais sombrer dans le désespoir le plus absolu et m'y complaire : pourquoi suis-je privée de ce dont les autres jouissent si naturellement ? Pourquoi sont-ils en pleine santé et pas moi ?

Tous mes amis les malades se sont, une nuit, posé les mêmes questions lancinantes...

Comment tient-on ?

Chaque individu a sa méthode... Mais nous avons tous à résoudre la même contradiction dialectique : ai-je envie de vivre ou non ?

La réponse n'est pas si facile !

Si l'on répond oui – et je respecte et comprends les gens qui répondent non –, le seul moyen est de puiser, de chercher, d'extraire de sa mémoire le beau et le bien. De retrouver les rires que nous avons partagés, les larmes qui ont coulé, les émotions de toute sorte qui ont fait battre le cœur : de la naissance d'un enfant à un coucher de soleil, en n'oubliant pas le corps d'un homme...

S'ajoute un autre moyen de trouver la paix : le sens du devoir et des responsabilités. J'ai entraîné, sans en être responsable, toute une famille dans cette galère... Est-ce que ma mort les rendrait plus heureux et plus libres ?

Comme je n'en suis pas certaine, quoi qu'en dise mon sympathique inconscient qui se débrouille le mieux qu'il peut de l'absence de mon ange gardien, je me battrai pour vivre, quel que soit le prix à payer...

Ne suis-je pas un vétéran de la douleur ?

– XIII –

SUITE... ET PAS FIN !

Cinq semaines de radiothérapie quotidienne, sous la direction du seul médecin disponible en cette période estivale ! Plus les dialyses. Je suis épuisée au-delà des mots pour le dire.

Le 7 août 2003, veille de l'ablation de mon greffon, j'entre à l'hôpital. Un bâtiment dit « provisoire » depuis de nombreuses années. Une sorte de pavillon vétuste où tout semble aller à la dérive, fabriqué à la va-vite...

Nous arrivons, Philippe et moi, devant la porte du service et nous apprêtons à rejoindre la chambre qui m'est réservée. Une dame se dresse sur notre chemin, menaçante :

– Eh ! Faut mettre les vêtements stériles, là ! On n'entre pas comme ça ! nous crie-t-elle comme si nous étions des pestiférés.

– Parce que nous sommes censés être au courant ?

Avec un tel accueil, le ton ne peut que monter entre

mon frère et elle. Quand enfin nous réussissons à m'installer, Philippe se pose sur un bout de mon lit pour faire un brin de conversation.

– Vous n'avez pas le droit de vous asseoir sur son lit ! intervient aussitôt la même personne.

– Je comprends, dit Philippe. Mais est-ce qu'il est spécifié dans votre contrat de travail que vous devez nous parler sur ce ton ? Vous devriez plutôt nous remettre un règlement de l'hôpital, nous ne pouvons pas l'inventer.

Un peu plus tard, avant mon opération, un autre incident se produit : ma nièce Joséphine – la fille cadette de Richard, âgée de onze ans –, me rend visite. Un cerbère (un autre !) particulièrement coriace l'arrête à la porte de ma chambre.

– La petite, là, elle n'entre pas !

Elle crie comme si la jeune enfant venait de tuer père et mère.

Ce service est vraiment à l'image du Dr G. Froid, inhumain, sans contact réel avec les malades. Il semble régner ici une sourde hostilité entre soignants et patients, lesquels se voient refuser des demandes on ne peut plus légitimes pour des raisons dites administratives. J'ai remarqué, au cours de ma longue « carrière », que les services ressemblent à leur patron. Et je préfère un patron charismatique, compétent et respecté qui impose à son service des règles, notamment humaines, à un patron laxiste et égocentrique qui se moque des malades autant que de son équipe, au point que le personnel se retrouve gangrené par l'aigreur... Le travail du personnel soignant est ingrat et difficile : eux aussi ont besoin d'être pris en considération !

J'en profite pour remercier du fond du cœur les infirmières, les infirmiers, les aides soignants, les filles et les garçons de salle, qui ont pour la plupart le cœur au bout des doigts. Sans eux, non seulement ma vie de malade aurait été un enfer, mais en plus je serais sortie de mes épreuves sans aucune confiance en l'humanité.

Dans le cas présent, où est passé le simple bon sens ? Pourquoi traiter les malades comme des irresponsables, voire des attardés mentaux ? C'est pendant ce séjour hospitalier que je vais prendre conscience de ce phénomène avec acuité. Dès lors je ne me laisserai plus traiter comme une petite fille. Je trouve si humiliant qu'on dise à des adultes :

– Allez, mon brave monsieur ! Il faut faire votre pipi dans le bassin !

J'ai envie de dire aux malades : « Faites-vous respecter en tant qu'être humain, la maladie ne vous prive pas de ce droit. Expliquez vos besoins, soyez vigilants sur les soins que vous recevez. Renseignez-vous à fond sur votre problème de santé et veillez à ce qu'on le traite correctement. Il ne s'agit pas de montrer une hostilité de principe ni d'imposer des exigences déraisonnables, mais de préserver votre dignité. »

Lors de mes nombreux séjours dans les hôpitaux, j'ai constaté combien les couloirs sont surchargés de malades attendant des heures, voire des journées entières, que quelqu'un les appelle pour un examen ou simplement pour les remonter dans leur chambre. Ce sont bien souvent des personnes âgées qui n'osent pas se plaindre, résignées, à demi endormies sur une chaise roulante, oubliées là, au détour d'un couloir. Manque de personnel, ou négligence ?

Pendant ce fameux été de canicule, je rencontre un jour un vieux monsieur, assis sur l'un de ces bancs inconfortables dont les hôpitaux ont le secret. Je discute avec lui en patientant moi aussi. Il me dit qu'il est là depuis 8 heures du matin, à jeun, attendant son examen. Je regarde ma montre : 16 heures. Stupéfaction ! Je ne peux m'empêcher d'aller voir l'infirmière à l'accueil pour lui signaler ce dysfonctionnement.

– Sûrement un oubli, lui dis-je...

– Pas du tout, répond-elle, il y a des urgences avant lui...

Je retourne m'asseoir calmement et conseille au monsieur de remonter tout seul dans sa chambre. C'est la seule chose sensée à faire. S'il y a des urgences avant lui, pourquoi l'a-t-on fait descendre à 8 heures du matin ?

Le système médical, en ce début de XXIe siècle, est tellement fragmenté en spécialistes, mal loti en crédits et en personnel, débordé vu le peu d'heures de présence des uns et des autres que dans le circuit, quelque part, une information importante sur votre cas risque d'avoir été « oubliée ». Ne lésinez donc jamais sur les explications. Un nouvel interne débarque dans votre chambre ? Ne pas hésiter à lui raconter pour la énième fois votre histoire, avec force détails. Et la fois suivante, comme l'interne aura changé, il faudra tout recommencer. Épuisant...

L'entourage est indispensable en pareil cas... si on a la chance d'en avoir un !

Il n'empêche, et je me dois de le dire, que malgré certaines apparences les médecins de haut niveau qui choisissent l'hôpital pour exercer ont foi en leur mission. Il faut simplement les aider à surmonter les lourdeurs et l'inhumanité du système.

L'opération de détransplantation se déroule le 8 août comme convenu par le Pr G. Sans problème. L'atmosphère est surchauffée – il fait quarante-cinq degrés dans les pièces –, l'air conditionné n'étant pas installé dans la plupart des hôpitaux.

Le lendemain de l'intervention, je peux à peine m'asseoir sur mon lit. Et en plus, je n'ai pas le droit de boire. La canicule est à son apogée, et il n'y a pas un seul glaçon dans tout l'hôpital. Richard et Julien se relaient pour aller dans un bar, non loin de l'établissement, afin d'y faire remplir une poche à glace qu'ils me passent sur le front et les lèvres.

Je suis en deuil : en deuil de cet organe comme d'un être cher. Nous avons vécu tant de choses ensemble ! Aurai-je l'occasion d'en vivre d'autres après ma nouvelle greffe ?

*

* *

En octobre, je peux enfin rentrer chez moi à Cannes. Le traitement de mon cancer est terminé, l'ablation de mon greffon n'a pas posé de problème... Je constate avec tristesse que pour la première fois j'ai raté la rentrée des classes. Mais je n'ai pas le temps de m'appesantir sur mes états d'âme : je dois d'urgence trouver un autre centre de dialyse.

La seule adresse vers laquelle le Pr Rottembourg peut me diriger est un centre de dialyse « lourd », c'est-à-dire destiné aux personnes gravement malades ou handicapées, situé à trente kilomètres de la maison. Le Dr P.S.V., un des médecins du lieu et néphrologue de sa connaissance, a donné son accord par téléphone pour me prendre en charge trois fois par semaine. Faute de mieux – l'éloignement est trop important et les heures de dialyse ne me conviennent pas –, je m'y inscris.

Les séances du matin débutent à 8 heures. Me lever à 6 heures représente une épreuve supplémentaire. Depuis ma rechute je ne dors plus la nuit, ne trouvant le repos que dans les premières heures du jour.

Pour ma première séance, mon père m'accompagne. Il nous a fallu trouver le chemin et, évidemment, nous sommes un peu en retard.

– C'est à cette heure-ci qu'on arrive ? demande d'un ton sec le médecin.

Et il ajoute à l'intention de mon père :

– Vous ne pouvez pas rester ici !

Ça commence mal...

L'espace est immense, composé de plusieurs pièces à deux ou trois lits plus les machines, et d'une rotonde où se trouve une vingtaine de patients alités... Le pire, pour moi, c'est qu'il n'y a pas de fenêtre. Mais s'en plaindre paraît aux yeux de la Faculté une réaction d'enfant gâtée. Est-il besoin de préciser que, de nouveau, le médecin ne me plaît pas ? Je dois dire qu'après Rottembourg je suis devenue un peu exigeante...

En tout cas je sais que je ne vais pas me plaire ici. Or ce service doit m'accueillir cinq ans ! Eh oui ! Cinq longues années ! En effet, avant mon départ, le Pr G. m'a dit clairement qu'il ne prendrait pas le risque de greffer avant ce laps de temps.

Je ne suis pas déprimée, je suis morte, ou plutôt en train de mourir : je sais que je ne tiendrai pas... Alors n'ai-je pas droit à une fenêtre ? Ne dit-on pas que les condamnés à mort ont droit à une cigarette ?

D'ailleurs j'éprouve un besoin terrible d'en griller une. À ma panoplie, il ne manque qu'un cancer des poumons !

– XIV –

MA MACHINE ET MOI

Je prends le rythme de ma nouvelle vie. Rottembourg a pu intervenir et m'obtenir une place pour les séances de l'après-midi, c'est déjà pour moi un vrai luxe. Chaque lundi, mercredi et vendredi, à 12 h 30, un taxi m'attend devant ma porte, puis me redépose vers 17 h 30. Au volant, une conductrice on ne peut plus attentive : Françoise.

Une dose d'humour est nécessaire pour supporter ce traitement et, ici comme ailleurs, on se fait des amis et on essaye de passer le temps dans une relative bonne humeur. Le personnel, exceptionnel, fait de son mieux pour nous rendre ces longues heures les plus agréables possible.

Première chose quand on arrive en dialyse : se peser. Tout l'exercice repose en effet sur un subtil équilibre entre la vitesse de pompage du sang (débit) et la perte de poids (c'est-à-dire l'élimination, grâce à la machine, des substances toxiques et de l'eau gardée par l'organisme). Cet équilibre est différent pour chaque personne. Par exemple, pour moi, il se situe autour de deux cent quarante millilitres de débit par minute, alors qu'il est plutôt de trois cents pour la plupart des gens. S'il y a dysfonctionnement, on le sait très vite : la tension chute immédiatement, et l'on perd connaissance. Il faut alors réduire le débit, et déterminer un poids moins important à perdre.

Ces deux paramètres, on l'aura compris, sont essentiels... et doivent faire l'objet d'une attention aiguë pendant ces quatre heures. Or j'ai déjà remarqué que ce centre ne présente pas toutes les garanties exigées dans ce domaine.

De plus, le règlement demande que l'on vienne en pyjama ou avec de vieux vêtements. On refuse que j'arrive habillée d'une façon correcte, voire coquette : j'aime le blanc, le rose, le bleu, selon mon humeur. Me priver de ce petit plaisir, un des seuls qu'il me reste, me chagrine beaucoup et je n'ai aucunement envie d'obtempérer ! Je me sens plus courageuse quand je me vois plus féminine...

Après la pesée, une infirmière remplit les circuits de la machine avec tous les produits utiles à la filtration du sang et programme la perte de poids. Équipée de gants stériles, elle pique d'un côté de la fistule, dans l'artère, et de l'autre, dans la veine, à l'aide de grosses aiguilles, chacune de ces aiguilles se terminant par un petit tuyau qui permet le raccordement à la machine. Elle règle ensuite très progressivement le débit de la machine, et c'est à ce moment-là que tout le circuit commence à se teinter de rouge. Mon sang s'évacue par l'artère, puis très rapidement revient épuré dans la veine. L'infirmière s'assure que tout fonctionne et va s'occuper d'autres patients.

Je reste ainsi pendant quatre heures, sans bouger, reliée à ma machine. Mes occupations restent très limitées : lecture, ou visionnage d'un film grâce au minilecteur de DVD que Richard m'a offert. Impossible d'écrire puisque ma fistule est placée sur mon bras droit condamné à une immobilité totale.

Le lundi, après avoir passé trois jours sans dialyse, mon corps n'en peut plus. Je pèse souvent quatre kilos de plus que le vendredi. J'arrive au centre avec un visage bouffi comme celui d'un boxeur, les yeux gonflés, les joues rondes. J'ai l'impression que je vais exploser tant je suis pleine d'eau, infiltrée jusqu'au bout de mes doigts. J'ai des difficultés à me déplacer et mes articulations coincent. Quatre heures plus tard, quand je repars, mon visage s'est affiné, je suis méconnaissable. Je vis à chaque fois une véritable métamorphose.

Et je mets à chaque fois près de huit heures pour récupérer, ce qui m'oblige à un rythme de vie décalé. Quand les autres vont se coucher, mon corps vient juste de commencer à retrouver la forme. Impossible de dormir...

Les journées sans dialyse sont donc précieuses : faire le plus de choses possible, en trois jours ouvrables, devient une obsession... J'ai besoin de me sentir vivante !

Quand je vais bien, je commence ma journée en peignant, puis je vais chercher ma fille Sarah à l'école... J'expédie les « affaires courantes », comme accompagner les enfants chez le dentiste, rencontrer leurs professeurs... Parfois, je file chez le coiffeur : moment privilégié de douceur, je suis choyée. J'aime regarder mes cheveux noirs et brillants flotter sur mes épaules...

Je me dis que j'ai peut-être tort de ne pas vouloir de relations amoureuses, car l'affection d'un homme pourrait m'apporter une certaine énergie et me distraire de l'égocentrisme inéluctable que requiert mon combat pour la vie, mais je me sens si abîmée, si diminuée physiquement... Ma peau, cortisone oblige, ressemble plus à un rempart épineux défiant toute approche qu'à la douceur à laquelle j'étais habituée. Je ne vois donc pas comment je pourrais envisager la moindre relation charnelle. J'ai tout juste la force de mettre un pied devant l'autre. Ma libido en a pris un sacré coup. Alors... on verra plus tard !

D'une manière générale, rester femme quand on est malade relève du pari le plus fou. Pour ma part, je m'applique à ne jamais sombrer. Je continue de soigner mon apparence en me maquillant, et en étant toujours tirée à quatre épingles, même si, parfois, celle que je vois dans le miroir ne ressemble en rien à celle que j'ai connue.

Ne pas renoncer à soi-même, ni à donner une bonne image de soi, je le sais, aide à conserver le moral.

Autre occupation pendant mes jours « libres », les visites du kiné : plus que nécessaires ! Elles m'aident à surmonter les douleurs articulaires occasionnées par l'arrêt de la cortisone. Maintenant que je suis sevrée de ce médicament, je souffre tellement que, parfois, je suis incapable de marcher ou de continuer à peindre.

Ajoutez à ce programme quelques courses pour le dîner, puis le retour à la maison. En général, à 19 heures, je m'écroule sans forces comme si j'avais couru un marathon. Vivre sans rein, c'est épuisant !

Mes enfants, mes parents, mes frères, mes quelques amis, mes inconditionnelles Ange-Marie, Annabelle et Nadia m'apportent leur amour. C'est ce qui me donne la force de me battre.

*
* *

Depuis quelques dialyses, les ponctions me font souffrir. J'ai des hématomes énormes sur le bras, l'infirmière qui me pique pense que ma fistule est en train de se boucher car à plusieurs reprises, en fin de dialyse, des petits caillots sont apparus dans les circuits. Un jour, ce problème semble particulièrement s'aggraver. Elle réclame donc qu'une échographie Doppler soit pratiquée, dès que ma séance sera terminée.

Le médecin m'explique qu'il va falloir me rendre dans une clinique au-dessus de Nice, soit à cinquante kilomètres de chez moi... Étonnée, je lui demande si à l'hôpital de Cannes on ne pratique pas ce genre d'examen, ce qui m'éviterait un tel trajet. Il me confirme cette possibilité mais précise que le spécialiste, dans cet hôpital, ne consulte qu'une fois par semaine et uniquement le matin de 9 heures à midi. Donc, pas de rendez-vous avant trois mois.

C'est quand même formidable ! Nous avons des centres de dialyse partout autour de nous, à Cannes, Mandelieu, Antibes, Grasse, mais nous ne possédons aucune structure médicale proche pour suivre les malades en cas de problème ! Je souligne l'absurdité de la situation au médecin qui semble aussi désolé que moi mais se révèle impuissant face à ce système de sectorisation.

Ma dialyse terminée, vers 17 h 30, je file donc à Nice faire cette échographie improvisée. Cinquante kilomètres me paraissent le bout du monde.

À 18 h 30, nous arrivons à la clinique. Françoise, mon cher taxi, m'accompagne jusqu'à la salle d'attente, car j'ai du mal à marcher. Ma conductrice annonce mon arrivée au secrétariat, et l'on me réclame immédiatement ma carte Vitale. Navrée, j'explique que je n'ai aucun papier sur moi, ce rendez-vous ayant été pris il y a deux heures par mon infirmière de dialyse.

– Sans carte Vitale, je ne peux rien faire pour vous !

– Madame, j'arrive directement de mon centre. Cette « écho » est demandée en urgence, et je n'ai, bien sûr, pas eu le temps de repasser chez moi. Je suis attendue par le radiologue.

– Je suis désolée, ce sont les ordres de la direction : pas de carte Vitale, pas d'examen.

– Mais c'est impossible, je viens de faire cinquante kilomètres, je suis fatiguée, je vous transmettrai la photocopie de ma carte Vitale par fax dès demain, c'est sûr !

– Désolée, répète-t-elle, mais j'applique le règlement.

Juste à ce moment, la surveillante générale arrive et m'appelle, je suis sauvée in extremis.

Bonne nouvelle : le débit de ma fistule est excellent. Pas de caillots, le problème vient des ponctions, trop rapprochées l'une de l'autre, me dit-on.

Selon le Dr Rottembourg que, perplexe, j'appelle en urgence, il s'agirait plutôt du dosage d'hémoglobine, qu'il faudrait faire baisser. Pas question pour moi d'en parler à mon centre de dialyse, ce serait un crime de lèse-majesté.

Un lundi, le néphrologue qui me suit, le Dr P.S.V., me fait le plaisir d'une brève visite pendant la dialyse.

– Alors comment ça va, aujourd'hui ?

– J'ai le moral dans mes baskets et je suis très fatiguée.

– Bon. Le moral, cela fait un moment que ça ne va pas... On va prendre un peu de Prozac.

– Pas question, je refuse qu'on m'anesthésie les neurones avec ce genre de traitement.

– Dans ce cas, je ne vois pas autre chose : essayez un psy.

– Écoutez, docteur, je suis dialysée dans ce centre depuis octobre 2003. Il y a des hauts et des bas... Et je n'arrive pas à accepter que ma greffe prévue soit reportée de cinq ans !

Là, il s'énerve carrément et me répond, glacial :

– Je tiens à être précis, madame : je ne suis ni votre père, ni votre psy. Mon boulot, c'est de faire en sorte que vous soyez bien dialysée, le reste, ce n'est pas mon problème. Et puis vous savez au moins qu'un rein vous attend ! Tous n'ont pas votre chance !

Pour la compassion, on ne fait pas mieux...

Autre souvenir : ce jour où je suis prise de crampes, pendant la dernière heure de dialyse... Comme toujours, débit sanguin et perte de poids en sont la cause. J'appelle une infirmière, la douleur est trop violente. Elle me masse gentiment mais cela ne suffit pas. Le médecin arrive.

– Il faudra augmenter votre poids « sec » (poids de base)[1], vous êtes en dessous !

La solution, évidente, serait donc de régler tout de suite la machine en stoppant immédiatement la perte de poids programmée. Je demande au médecin de le faire, en vain.

Il a sans doute ses raisons, néanmoins ma tension chute à six et, paniquée, je fais un malaise cardiaque.

Et que dire de ce besoin fou d'un geste de tendresse, de réconfort... Sans doute les médecins sont-ils là pour nous soigner, mais tous n'ont pas le temps ni l'envie de nous aimer.

1. Donc diminuer le volume d'eau retiré pendant la dialyse.

De surcroît, pour être tout à fait claire, j'ai souvent eu l'impression que le fait d'être la sœur d'un acteur connu n'était pas un avantage – et d'ailleurs je ne m'en suis jamais servi, qu'est-ce que cela aurait changé ? – mais que certains médecins, au contraire, tenaient à me faire savoir, parfois un peu brutalement, qu'ils ne me considéraient pas comme une privilégiée. Or, s'il est réconfortant de constater que nous sommes tous égaux devant la maladie et aux yeux des médecins, j'aimerais ajouter que, connus ou inconnus, nous sommes tous égaux, aussi, face à la douleur. Et que ce n'est pas accorder un « privilège » que de la prendre en considération.

Quoi qu'il en, soit, la coupe est pleine. Peu de temps après mon malaise cardiaque, je décide de changer de centre. Quand je ne me sens pas bien dans un lieu, je m'en vais ! Question de caractère...

– XV –

QUELQUES FRÉMISSEMENTS DE BONHEUR

Dans ce marasme, je ne sais plus qui a raison ou tort. Suis-je trop exigeante, trop en colère, légèrement paranoïaque ? Je souffre de ne pas pouvoir dire ce que j'ai sur le cœur, dans la tête. Je ne suis qu'un corps qu'on soigne, j'attends des mots, des phrases... En vain.

Et soudain le téléphone sonne :

– Reconnais-tu ma voix ?

– Oui !

– Bonjour Marie !

– Bonjour Christophe !

– Ça baigne ?

– Je m'essaie à la plongée sous-marine... Je ne vois que des poissons, je n'entends que des silences, et je n'ai pas assez d'oxygène pour remonter...

– Je ne connais rien à la plongée sous-marine mais

j'ai envie de te dire : « Enlève ton masque, jette tes bouteilles et nage vers le soleil ! »

– Je n'irai pas loin si je suis ton conseil, mais l'envie ne m'en manque pas !

– Ne veux-tu pas plutôt prendre dix minutes pour flirter au téléphone avec moi comme quand nous étions jeunes et beaux ?

La conversation se poursuit, charmante, tendre, ludique... J'en oublie mes revendications syndicales contre la vie.

Régulièrement, après ce premier coup de fil, Christophe et moi prenons l'habitude de bavarder. Je viens de trouver l'oxygène qui me manquait : un être humain qui me parle et m'écoute...

Christophe écoute mes doléances, ma hantise de confier la future greffe à un médecin que je n'aime pas. Il m'encourage à chercher si, dans d'autres services, certains spécialistes n'auraient pas mis au point des protocoles de greffe différents, surtout avec moins de cortisone, ou sans : ma grande obsession.

– C'est ta vie, Marie ! Il ne s'agit pas de faire un bilan de compétence des différents médecins. Je crois sérieusement qu'ils ont un niveau égal, même si leur approche n'est pas la même. Il s'agit de trouver un spécialiste qui te plaise !

– Tu as raison, je vais changer d'équipe de greffe. Que ce cancer m'ait au moins servi à trouver un endroit où je me sentirai en totale sécurité, et où surtout on traitera bien mon frère !

Le Pr Rottembourg me confirme que certains médecins enlèvent progressivement la cortisone de leur protocole, de nouveaux médicaments produisant des effets similaires étant apparus sur le marché. Il me parle d'un certain Pr Legendre... et m'organise rapidement un rendez-vous avec celui-ci.

Je fais donc un rapide aller-retour à Paris pour rencontrer ce professeur qui exerce à ce moment-là à Saint-Louis.

Christophe souhaite m'accompagner, je refuse... Je préfère pour l'instant qu'il garde l'image qu'il avait de moi autrefois.

Le professeur me reçoit dans son petit bureau. D'emblée, je sens que je suis en face de la bonne personne. Le courant passe. M. Legendre paraît attentif à mon histoire, je lui raconte la greffe, le rejet, le cancer. Et lui remets la copie de mon dossier, avec tous mes résultats d'analyse.

Il faut savoir qu'aujourd'hui il est extrêmement facile d'avoir accès à son dossier et de le faire transférer : c'est la loi, aucun médecin ne peut s'y opposer. Je le précise pour celles et ceux qui auraient envie de changer de médecin ou d'équipe, et qui ne sont pas au courant de cette possibilité.

Lors de cette première entrevue, Legendre me dit simplement qu'il a besoin de prendre conseil auprès d'un cancérologue, mais qu'effectivement cinq ans d'attente avant de tenter la greffe lui paraissent un délai bien long. Il pencherait plutôt pour un moratoire de deux ans, au vu des analyses et compte tenu du fait que mon cancer était, en réalité, un « précancer » avec très peu de risques de récidive.

Son pronostic est bientôt confirmé. Les cancérologues consultés donnent leur aval. Désormais, mon compte à rebours est fixé sur le mois de janvier 2005, avec l'accord de Richard. J'ai gagné trois ans !

Encouragée par cette première démarche qui se révèle positive, je décide, sur ma lancée, de chercher un autre centre de dialyse. Et j'en déniche un, perché sur les hauteurs de la ville du parfum, en pleine verdure : Grasse !

À l'infirmière qui me reçoit très gentiment, j'explique la raison de ma visite. Je découvre la salle de dialyse, une grande pièce très lumineuse où sont installés cinq fauteuils. La vue est agréable, l'ambiance calme. Ce jour-là, seuls deux malades sont en cours de séance.

L'infirmière m'explique ensuite le principe de l'autodialyse, spécifique à ce centre. Je dois « monter » et « démonter » ma machine seule, c'est-à-dire installer toute la tuyauterie qui me relie aux circuits de ce rein artificiel. Ce n'est pas très compliqué, mais cela demande un peu d'attention. Ces tubes sont à usage unique, évidemment, et détruits après utilisation.

En apprenant cela, Christophe me dit, au téléphone :

– Un peu d'exercice ne te fera pas de mal... Et après, si on te propose une réinsertion professionnelle, tu pourras toujours suggérer « plombier » !

Et il ajoute, visiblement satisfait de mon assurance recouvrée :

– Tu vois : quand on cherche, on trouve !

J'ai en effet été séduite par ce lieu, je m'y suis sentie comme chez moi. Enfin, presque ! Et j'ai laissé mes coordonnées.

Le jour même, je reçois un coup de fil sur mon portable, alors que je suis en dialyse dans mon centre habituel. Mon nouveau médecin propose de m'accueillir à partir de jeudi prochain à 11 heures.

En partant, je salue tout le monde joyeusement ! Sur le chemin du retour, je me fais déposer dans une boutique où j'achète tout d'abord des dessous affriolants et une tenue des plus chic. Je dis à Françoise :

– J'espère qu'ils apprécieront ?

Elle répond, complice, car elle a entendu mes conversations téléphoniques dans le taxi :

– Votre Christophe apprécierait, en tout cas.

Je me mets à rêver...

*

* *

En juin 2004, une journaliste de France 2, Minou Azoulai, se met en rapport avec moi. Elle a lu dans un magazine féminin un portrait de Richard dans lequel, pour la première fois, mon frère évoquait l'échéance de l'opération et de la greffe. Elle a trouvé l'histoire formidable, et a appelé Richard pour lui proposer de faire un reportage sur notre aventure commune. Richard m'a demandé mon avis et j'ai aussitôt donné mon accord.

Ce reportage est pour moi l'occasion inespérée de montrer au grand public le quotidien d'un malade en dialyse, en attente d'une greffe, et surtout le parcours du donneur... La complexité de leur relation, quand ils sont frère et sœur. Richard et moi souligneront chacun de son côté que notre histoire n'est là qu'à titre d'exemple : il s'agit avant tout de parler du don d'organes, en le dédramatisant, et d'inciter les gens à faire ce don.

En effet, le nombre de malades en attente d'une greffe de rein est en constante augmentation. De 4503 en 1998, le chiffre atteint 5593 en 2004, selon l'agence Biomédecine. Parallèlement à cette croissance, le nombre de greffes reste largement inférieur aux besoins : en 2004, les équipes médicales n'ont pu réaliser que 2421 interventions, sachant que, dans le même temps, 2976 nouveaux patients en insuffisance rénale terminale étaient inscrits sur les listes d'attente.

Nous sommes bien loin du compte : il y a trois fois plus de malades que d'organes disponibles. Cette situation de pénurie est alarmante.

Les prélèvements d'organes sur des personnes décédées sont souvent empêchés, malgré les trois grands principes établis par la loi de bioéthique [1].

Le nombre de donneurs vivants, aujourd'hui, est de 164, et le nombre de donneurs décédés de 2257.

1. Voir Annexes, p. 247.

Dans un premier temps, Minou Azoulai me suit dans mon centre de dialyse à Grasse, et nous passons l'après-midi à discuter.

Minou est un petit bout de femme brune aux yeux verts, d'un abord chaleureux et sympathique. Aucune difficulté à lui confier ma vie, même si je ne suis pas certaine d'avoir su exprimer tous mes sentiments : solitude, chagrin, impuissance, peur, colère mais aussi force – tout bien considéré – inébranlable.

Nous sommes convenues de nous revoir à la mi-juillet 2004, pour commencer le tournage. Avant de partir, elle me demande simplement de commencer à tenir un journal de bord dont elle aura besoin pour son documentaire.

J'appelle Christophe :

– Je ne serai pas plombier mais peut-être écrivain...

– Raconte...

Minou commence son tournage en juillet comme prévu. Elle arrive avec deux techniciens, Frédéric et Robert. Elle m'a demandé pour l'occasion de réunir toute la famille. Philippe fait le voyage... Mes parents sont là, bien sûr, avec mes enfants. Et Richard arrive avec sa deuxième fille, Joséphine, que j'aime beaucoup. Quel bonheur d'échanger des souvenirs ! Il fait un temps magnifique, l'ambiance est décontractée. À tour de rôle, la réalisatrice interviewe chacun d'entre nous...

Dès lors, Minou va revenir me voir régulièrement

avec son équipe de tournage, filmant mon quotidien, assistant parfois aux séances de dialyse. Peu à peu, ce reportage et l'écriture de mon livre se révèlent de vrais moments de plaisir et m'aident à tenir le coup. Mais ce n'est pas facile. Le temps me tarde, les dialyses me pèsent, et cette impression de ne jamais devoir en finir...

*

* *

Un jour, Christophe me dit :

– Visiblement, nos conversations ne suffisent pas. Je ne suis malheureusement pas psychiatre ! Trouve quelqu'un de bien, Marie... Sors ta colère et ta tristesse ! Il serait si dommage que tu survives en t'éteignant... Ton rire m'est indispensable et je suis certain qu'il l'est à tous tes amis : le rire ne vieillit pas, Marie !

Peu de temps après, je me décide enfin à rencontrer un psychologue, spécialiste de maïeuthérapie. En clair, m'explique-t-il, c'est l'art d'accoucher les esprits, c'est-à-dire de faire découvrir à l'interlocuteur, par une série de questions, la vérité qu'il porte en lui. Placée au cœur même de la pensée antique grecque, plus précisément celle de Platon et Socrate, cette philosophie fait porter un regard neuf sur bon nombre d'événements de la vie.

Au bout de quelques séances, je me sens mieux. Mes insomnies commencent à disparaître.

Mon problème, m'explique le psychologue, semble lié à l'acceptation de ma maladie, aux sentiments d'injustice et aux désirs de vengeance qui en résultent. Mon comportement, principalement à l'égard de mes parents, doit changer, je ne peux leur faire payer, même inconsciemment, de m'avoir transmis ce syndrome. C'est tombé sur moi, voilà tout. J'aime vivre, même avec cette maladie, et il est temps de tout mettre en œuvre pour éviter que la révolte et la rage ne me détruisent à petit feu...

Je veux bien calmer ma révolte, mais que faire quand le carcan de l'angoisse réapparaît ? Au bout de quelques mois de cette thérapie, j'ai l'impression de stagner. Mon sommeil fait les frais de la situation. Je dors mal de nouveau, et aucun traitement ne me soulage. Quand « Superwoman » s'effondre, l'univers de la maladie reprend le dessus. Je vis alors mon quotidien comme une victime et non plus comme une guerrière... Puis la crise passe et je retrouve la force pour me battre, ainsi que l'envie de dire au monde, à la Terre entière, qu'il ne faut jamais se résigner face à l'épreuve, jamais abandonner la bataille en cours de route. Et surtout se répéter inlassablement que vivre est un devoir.

Dans ces moments de regain d'énergie, je me convaincs que je n'ai pas le droit de lâcher, ni de craquer, ni de pleurer, ni d'exiger, ni de me plaindre. J'ai juste le droit d'espérer...

C'est demain ! C'est bientôt... Peut être...

Ne pouvant faire face seule à ce dilemme – découragement ou espoir –, je décide de passer à autre chose. J'essaye la sophrologie, sans résultat. Puis, au cours de l'été 2004, je lis le livre de David Servan-Schreiber, *Guérir*[1]. Je découvre des méthodes qui me paraissent extraordinaires, pour soulager l'âme et le mental de ceux qui souffrent. Je suis en particulier très intéressée par ce que l'auteur appelle la méthode EMDR, un acronyme anglo-saxon qui signifie *Eye movement desensitivation and reprocessing*, ce que certains spécialistes traduisent par « intégration neuro-émotionnelle par les mouvements oculaires ».

Cette technique, qui repose sur de simples mouvements des yeux, permet d'obtenir de très bons résultats, parfois spectaculaires. À la fin du livre, David Servan-Schreiber donne opportunément des listes d'adresses. J'y jette un coup d'œil et constate qu'un praticien de la méthode EMDR exerce à Cannes, juste à côté de chez moi. Il est psychothérapeute. Je le vois bientôt une fois par semaine. Avec lui j'alterne les pratiques, EMDR, hypnose, entretiens approfondis. Ces séances m'apportent un bien-être total, une sérénité, un apaisement qui se révèlent indispensables à ma vie. J'apprends à gérer mes angoisses, je les apprivoise, puis les surmonte. Grâce à l'hypnose et aux techniques de relaxation et de respiration, je m'immerge à chaque séance dans un bain de jouvence... Ce médecin me suivra jusqu'à mon départ pour Paris, et ses enseignements, ses conseils demeurent des clés précieuses que j'utilise encore aujourd'hui.

Il n'y a pas, là encore, de solution parfaite, de méthode parfaite... Mais en pleine déroute, quand le corps mobi-

1. Éditions Robert Laffont.

lise toutes vos forces, il est compréhensible que les êtres humains demandent une aide psychologique. Richard, lui aussi, m'avait conseillé d'aller voir un psychologue. Et je pense pour ma part que le suivi psychologique en milieu hospitalier devrait être plus affiné, plus personnalisé, plus efficace.

– XVI –

RENDEZ-VOUS AVEC LE PASSÉ

Cette nouvelle période est plutôt chaotique...

Grâce à ce principe d'autodialyse, je participe à mon propre traitement. Je me sens utile. Mais de temps en temps, inévitablement, je suis prise de malaises, vertiges, jambes flageolantes, chutes de tension. Cela se termine parfois par l'arrivée des pompiers et un petit passage aux urgences de l'hôpital. La routine.

Je suis heureuse, pour la première fois, de rencontrer une diététicienne et de parler avec elle de mon régime, et des améliorations possibles. Cela me rassure, et me permet d'éviter des erreurs.

L'échéance de l'opération approche. Je sais ce qui m'attend, j'y suis préparée. En revanche je suis de plus en plus inquiète pour mon frère qui, lui, n'a pas vécu cette expérience. Comment va-t-il affronter son opération ?

Je ne me sens pas en mesure de le rassurer, ce ne serait pas loyal ! J'évite même de lui en parler. Ce n'est pas un enfant, c'est un homme responsable et courageux. Mais je ne suis pas naïve au point de croire qu'il est à l'abri d'une angoisse légitime.

Un week-end de juillet, Richard et sa fille Joséphine me font la surprise d'une visite. Je suis si heureuse de les revoir que je préfère profiter pleinement de ce moment et éviter, quitte à paraître égoïste et inconsciente, toute conversation nous ramenant à l'échéance de l'opération.

Nous sommes réunis dans une ambiance joyeuse car Sarah a organisé une petite boum pour ses quatorze ans.

Le dimanche, au cours du déjeuner familial, je perçois une sorte de malaise chez mon frère. Il semble très gêné. Puis il se jette à l'eau : il m'annonce que l'intervention ne peut avoir lieu en janvier 2005, comme initialement prévu : nous devrons attendre le mois de mai.

Sur l'instant, je suis effondrée. J'effectue mentalement le calcul : cinq mois de dialyses supplémentaires à supporter, soixante séances de plus. Cela me semble insurmontable. Mais je comprends que les engagements professionnels de Richard ne lui laissent pas d'autre possibilité. Il est au zénith de sa carrière et il a de l'ordre à mettre dans sa vie. Comme tout être humain dans pareille situation, il sait qu'il peut mourir...

Mais il sait très bien, également, ce que représente pour moi cette longue attente. Il est lui aussi très peiné. Plus tard, chaque fois que l'on se parlera au téléphone, il me dira :

– Je t'en supplie, tiens le coup, tiens le coup, ma sœurette... On y arrive, on y arrivera !

Nous nous aimons et nous devons nous faire confiance.

*
* *

Octobre 2004. Je profite des vacances scolaires de la Toussaint pour organiser une escapade à Paris avec Sarah. Nous avons toutes les deux besoin de rompre avec la monotonie de notre existence. Les dialyses imposent à toute ma famille un rythme de vie en dents de scie.

Sarah se réjouit de cette bouffée d'oxygène et son bonheur, sa joie de vivre, son excitation à l'idée de retrouver la capitale, ses cousins et cousines, me donnent une sacrée énergie. Sitôt arrivées, nous déposons nos bagages et décidons d'aller faire une balade sur les Champs-Élysées. Je vis à Cannes depuis sept ans et mes voyages à Paris me donnent l'occasion de redécouvrir la ville en touriste : musées, expositions, salles de cinéma...

Sarah a maintenant quatorze ans. Elle sait qu'elle a été adoptée et, depuis quelque temps, elle manifeste le besoin de rencontrer Mme Chalon, la présidente de l'association qui me l'a confiée. Je lui ai souvent raconté l'histoire de cette personne hors du commun.

Cette fois-ci, j'estime que le moment est venu de répondre à son désir. Je sais – et je m'y suis préparée – que les enfants adoptés ont besoin, un jour, de connaître leurs origines et de comprendre pourquoi leur mère biologique les a abandonnés. Comme il m'est difficile d'accepter que ma fille aura toujours, tout au fond de son cœur, une maman et une mère ! Elle vivra toujours, en tout cas jusqu'au moment où elle aura des enfants, deux vies : celle que nous lui aurons préparée et celle qu'elle s'imaginera. Avec une autre famille, dans un autre pays, peut-être... Nous sommes venus à sa rencontre, mais je voudrais lui dire que personne ne choisit ses parents... Je sais pourtant bien que, lorsque nous nous affrontons, elle a envie de hurler : SOS ! Et c'est sans doute à l'autre mère que va ce SOS.

Nous devons passer par cette épreuve de vérité qu'est la visite à Mme Chalon.

Je retrouve avec tendresse cette femme merveilleuse. C'est ici que je suis venue à la rencontre de ma fille pour la première fois, et je revois sur la table le petit dossier bleu, posé devant nous, qui contient toutes les informations sur l'histoire de Sarah. L'émotion est intacte.

Le temps a passé et, de nouveau, le petit dossier bleu est ouvert. Les renseignements jaillissent comme une vérité que l'on ne voudrait jamais entendre, mais que Sarah *doit* entendre !

Elle écoute avec retenue, courage et émotion les quelques éléments dont dispose Mme Chalon.

Pendant cette scène, j'entoure de mes bras ma fille, mon amour. Je la serre contre moi...

Elle a déjà surmonté la pire des épreuves : celle d'un abandon à la naissance. Quand elle était bébé, je m'inquiétais parce qu'elle dormait beaucoup... Mme Chalon m'a expliqué qu'elle puisait dans le souvenir du ventre de sa mère la grande force qui la caractériserait.

Je refais avec Sarah le parcours qui nous mène à la pouponnière où elle a vécu les trois premiers mois de sa vie. Et j'éprouve cette même émotion qui nous empêche de parler, cette même impatience qui nous avait saisis lorsque, quatorze ans plus tôt, nous nous apprêtions à découvrir « notre » enfant pour la première fois. Le pavillon n'a pas changé.

Nous marchons toutes deux à travers des espaces peuplés de lits à barreaux aux enfants endormis. Main dans la main, nous nous dirigeons vers un berceau vieux de quatorze ans, dont le précieux contenu est devenu la jolie jeune fille à mes côtés : ma princesse Sarah.

Ma princesse parle peu, manifeste peu d'émotion, en revanche elle écoute et regarde attentivement. Que restera-t-il de cette visite dans le cœur de ma fille ? Peut-être un jour me le confiera-t-elle ?

Elle me dit simplement en sortant :

– Maman (que ce mot est doux), allons m'acheter des chaussures !

Je ne sais pas encore que, dans quelques jours, la violence de cette réalité administrative qu'elle vient de découvrir va dangereusement exploser.

– XVII –

DERNIÈRE LIGNE DROITE

Janvier 2005 : Richard et moi avons rendez-vous à l'hôpital Necker, avec le Pr Legendre, pour fixer la date de notre opération. Le professeur nous reçoit dans son bureau, toujours courtois et professionnel, mais je le trouve un peu glacial. Je suppose que toute transplantation de cette importance ne laisse pas beaucoup de temps pour les mondanités. Richard, précis et réservé, lui pose de nombreuses questions pertinentes, auxquelles il répond clairement. Cette entrevue, pour nous trois, manque d'émotion et ressemble plutôt à un examen de passage... Je suis pourtant rassurée : je connais enfin le compte à rebours et la date de ma délivrance : ce sera le 21 juin 2005 !

Au cours de ce rendez-vous, nous faisons la connaissance de la coordinatrice de greffe, Catherine Fournier, une femme douce et efficace. Elle a la charge, entre autres, de suivre les prochains rendez-vous de Richard et d'être notre contact permanent.

Lors de cet entretien, elle s'adresse principalement à mon frère, lui expliquant que la donation de son vivant fait l'objet d'une formalité juridique particulière, les organes étant plus souvent prélevés sur des personnes décédées. Elle annonce à Richard qu'il est convoqué le 16 juin prochain devant un comité d'éthique composé de cinq médecins chargés d'informer le donneur des risques encourus, de manière très exhaustive. Elle souligne que c'est la première année (2005) que cette pratique est mise en place.

Richard devra aussi rencontrer un juge du tribunal d'instance de Paris, lieu de la greffe. Ce juge doit vérifier qu'il a bien été informé et qu'il a bien compris toutes les implications de son geste. Un document dûment paraphé en attestera. À cette occasion, Richard apprendra que « le donneur peut toujours se dédire », jusqu'au dernier moment, même sur la table d'opération.

Je n'imagine pas mon frère avoir un tel comportement, même si je trouve, bien évidemment, normal que le donneur ait ce choix. Cependant quand je découvrirai cette clause « suspensive », avec mon « fol égoïsme » j'appellerai Annabelle et je lui dirai en riant :

– S'il te plaît, si Richard change d'avis, kidnappe-le !

Catherine Fournier évoque aussi la manière dont la société, désormais, considérera Richard Berry, au même titre que tous les donneurs : il sera classé par les assurances dans la catégorie « sujet à risques ». Il paiera des primes plus fortes que les autres.

Ne pourrait-on faire exception pour ceux qui ont la générosité de donner une part d'eux-mêmes pour sauver une vie ? Ne devraient-ils pas avoir droit aux honneurs plutôt qu'à une pénalité, entre autres, financière ?

Je demande ensuite à visiter le service où nous serons hospitalisés. La décoration est plutôt agréable pour un hôpital : on a l'impression de se trouver embarqué sur un paquebot. (Espérons seulement qu'il ne coulera pas !) Les murs, lambrissés, évoquent modernité et chaleur grâce à leur couleur auburn et à leurs multiples placages chromés, qui laissent deviner placards et tiroirs. Les portes des chambres sont munies de hublots placés en leur milieu, permettant aux visiteurs et au personnel soignant d'y jeter un coup d'œil discret.

L'efficacité règne, accompagnée de silence et de sourires. Je sors de cette visite étrangement paisible.

*

* *

En attendant mon hospitalisation, il me faut bien retourner à Cannes où mes enfants m'attendent. Nous sommes à la fin du mois de janvier, il fait froid à Paris. J'appréhende un peu ce retour, même si je suis heureuse de retrouver ma famille. La proximité de l'hôpital et l'équipe du Pr Legendre me rassuraient : elles vont me manquer. Dans le taxi qui me conduit à l'aéroport au milieu des embouteillages parisiens, j'ai besoin d'un sas de décompression et de réflexion. Je repense, comme si je voulais vraiment les imprimer dans ma mémoire, à ces moments de souffrance, de désespoir, de découragement, de solitude existentielle... Je repense aussi à ces dialyses épuisantes, à ces attentes interminables, toujours et partout.

Sans la volonté *absolue* de vivre et de gagner ce combat, je n'aurais sans doute pas pu surmonter toutes ces épreuves. J'ai refusé, autant que je l'ai pu, le statut de victime, et j'ai essayé d'affronter avec le maximum de dignité les quelques médecins qui ont croisé ma route, si « blindés » devant la souffrance qu'ils m'ont parfois humiliée, oubliant trop souvent qu'un malade est aussi un être humain particulièrement vulnérable.

Vulnérable mais forte ! Je peux l'admettre aujourd'hui : j'ai été forte, très forte ! Et puis j'ai une disposition intérieure pour le bonheur, et pour les bonheurs simples : c'est précieux, dans la lutte pour la vie. Il est vrai aussi que j'étais entourée d'une famille dévouée et aimante, d'équipes médicales qui se sont littéralement mobilisées, et d'amis fidèles qui m'ont apporté un peu de « mieux-être », m'aidant ainsi à ne pas trop flancher.

Je me demande avec un pincement au cœur si j'ai su gérer avec autant de délicatesse que je l'aurais voulu les inévitables conflits quotidiens avec mes enfants, terriblement avides d'une mère valide. Pourrai-je récupérer ce temps perdu auprès d'eux ? Me le pardonneront-ils un jour ?

J'arrive, enfin, dans ma jolie maison de Cannes. J'ai quitté Paris sous un ciel gris, j'apprécie ici le soleil de ce mois de janvier.

Très vite, le quotidien reprend ses droits... et ses astreintes.

Julien et Sarah, comme tant d'autres enfants, se chamaillent souvent. Je suis très accaparée par Julien : il vit une fin de relation difficile avec son amie, et il a besoin de mes conseils, de mon soutien, de ma présence. Je les lui offre avec d'autant plus d'amour que je sais que ma récidive l'a empêché de passer son bac, l'année dernière.

Je ne m'aperçois pas assez rapidement que Sarah, jalouse, se sent délaissée, et cherche donc à attirer mon attention par tous les moyens. La tension grandit au cours de ces mois, j'essaye de faire face, et je me sens parfois totalement impuissante.

Un soir de mars, une dispute éclate entre le grand frère et la petite sœur. Le prétexte, comme toujours, est sans importance. Je viens de rentrer de dialyse et me repose dans ma chambre. En entendant leurs hurlements de plus en plus vifs, je me lève avec l'intention de faire cesser ce tapage. Je vois avec effarement deux lutteurs qui en sont venus aux mains. Je dois les séparer... Mais que puis-je faire avec ma fistule dans le bras ? Le moindre choc me conduirait immédiatement aux urgences... Rassemblant mes forces, je crie d'un ton autoritaire :

– Calmez-vous !

Ils finissent par s'arrêter. Julien obéit à mon ordre d'aller faire un tour et disparaît de la maison. La crise passée, je retourne dans ma chambre, le cœur battant à cent à l'heure, proche, je le sais, de l'évanouissement (souvent, après une dialyse, ma tension peut chuter jusqu'à 6).

De mon lit, j'appelle Sarah :

– Viens me voir s'il te plaît, chérie, il faut qu'on parle !

Pas de réponse. Je réitère. Silence.

Inquiète, je me relève, et trouve ma fille dans la cuisine.

Sarah est en train de finir d'avaler une poignée de somnifères. Je les lui arrache brusquement des mains. La panique me prive de toute logique face à cette situation.

J'appelle aussitôt Julien sur son portable. Il se trouve, par bonheur, juste à côté de la maison. Il joint le Samu.

À son arrivée, le médecin régulateur pose des questions très précises :

– Quel médicament ? Combien de cachets ?

Très vite, il nous rassure. La dose que Sarah a ingérée ne peut pas mettre sa vie en danger. Mais il nous conseille de la conduire aux urgences de l'hôpital, pour effectuer quelques examens. La prise de sang qu'elle subit confirme le diagnostic rassurant du médecin. Mais on la garde en observation pour la nuit.

Je reste à ses côtés, afin de tenter de lui parler, de la rassurer. Je voudrais comprendre d'où vient ce mal-être chez ma fille. Elle est très agitée, très en colère : je sens qu'elle veut « vider son sac ». Ça ne tarde pas...

– J'en ai marre de ta vie ! J'en ai marre de ta maladie ! J'en ai marre de ton livre ! J'en ai marre de ton film ! Il n'y en a que pour toi, il n'y a que toi qui existes !

Et le coup de grâce arrive, cinglant :

– Pourquoi m'avez-vous adoptée, si vous ne pouvez pas me donner une vie normale, comme tout le monde ?

Elle parle durement, avec violence, émotion, sa voix tremble. Elle cherche les mots qui heurtent et qui blessent.

Moi, très étrangement, c'est la première fois que je « ressens » que Sarah est une enfant adoptée.

Qu'ai-je raté et quand ? N'ai-je pas trop attendu de son apparente force ? N'ai-je pas trop compté sur la compréhension d'une petite fille de quatorze ans ? Au fond, son désir « tout simple » n'est-il pas d'avoir une maman « normale », qui vienne la chercher à l'école, qui l'accompagne à la danse, qui fasse des voyages avec elle ?

Je dois l'admettre : mes enfants subissent ce que je vis !

Soudain je me dis que Sarah ressemble à la fillette que j'étais au même âge, et qui supportait mal l'injustice de son sort.

Un sentiment de culpabilité m'envahit.

Il est vrai que, avant ma rechute, je correspondais sans doute mieux à ce portrait de mère « presque » parfaite qu'elle s'était fait de moi. Comment lui expliquer, et pourtant je dois le faire, qu'il y a des révoltes inutiles ?

Je lui prends la main avant qu'elle ne s'endorme. Mon émotion est telle que je n'ai pas sommeil. Je regarde avec une grande douceur, comme toutes les mères, mon enfant apaisée.

Les adolescents envoient tous, à un moment ou à un autre, un message plus ou moins fort en direction de leurs parents, pour attirer leur attention, tirer une sonnette d'alarme. Je comprends que l'acte de ma fille a une origine profonde, existentielle : elle a simplement peur que je meure.

Il est évident que je repense à la visite chez Mme Chalon...

Sarah aime un frère qui n'est pas son frère de sang.

Je suis certaine qu'elle donnerait son rein à Julien et que Julien lui donnerait le sien. Du moins je veux, cette nuit-là, le croire de toutes mes forces.

Je murmure pour moi seule : « Sarah : tu as besoin de moi, autant que Julien. Et j'ai besoin de vous. Je vais veiller encore plus à cet équilibre entre nous, et si j'ai manqué de vigilance à ton égard je vais être plus attentive... Sarah : je t'aime. Entre Julien et toi il n'y a pas de différence, ni dans ma tête, ni dans mon cœur : j'ai un cœur pour chacun de mes enfants. »

De retour à la maison, j'ai besoin de parler de tout cela à une amie. J'appelle Annabelle en lui disant simplement :

– Il faut que je te voie tout de suite, j'ai besoin de toi !

– Je suis en Suisse, je serai demain soir à Cannes, répond-elle sans hésiter.

Le lendemain, dîner familial où mes enfants prennent Annabelle comme témoin. Ils se montrent assez virulents à mon égard. Mon amie m'écrase le pied sous la table pour que je ne réponde pas. Elle leur parle franchement, et tranquillement. À la fin du repas, ils semblent apaisés.

Après quoi, comme au bon vieux temps, Annabelle et moi nous allongeons sur mon lit et parlons toute la nuit. Ma chère amie, qui ne veille jamais au-delà de minuit, a bu une dizaine de cafés...

Nous avons beaucoup ri, puis elle est partie tôt le matin en me disant :

– T'inquiète pas, je serai à Paris jusqu'à ton opération, je t'attends. Protège-toi, je te trouve épuisée !

N'est-ce pas cela, l'amitié ?

*
* *

9 avril : J-73 ! Je dois partir pour Paris.

Je m'installe dans mon deux pièces à Montmartre. Richard a tout mis en œuvre pour que les conditions idéales de confort soient réunies. Ma chambre est aménagée avec des rangements supplémentaires et un nouvel ordinateur trône sur le bureau. Pour le reste, la déco est toujours aussi zen, la pièce principale est spacieuse, lumineuse, et je m'y sens bien.

Richard est encore en tournée avec sa pièce *Café chinois*, nous nous croisons brièvement pendant un mois. Il a réussi à caser entre deux voyages les derniers examens médicaux nécessaires : scanner, radio pulmonaire, scintigraphie cardiaque, consultation psy. Il me paraît calme, détendu et serein. En parfaite harmonie avec sa décision. Je l'admire.

Peu après mon arrivée, je retrouve mon équipe de dialyse parisienne au centre Suzanne-Lévy, toujours dirigé par mon médecin préféré, le Dr Jacques Rottembourg. Toutes les infirmières m'accueillent chaleureusement, en m'embrassant. Fadia, Sylvie, Marie-Jo, Ida, quelle équipe ! Leur énergie, leur bonne humeur constante, leurs plaisanteries me plongent dans une ambiance presque festive. On papote, on rigole, on pique et on branche, j'adore cet endroit. D'autant que je n'ai plus très longtemps à le fréquenter. Du moins je l'espère.

– Alors, c'est pour bientôt ?

– Plus que deux mois ?

Il s'agit bien sûr de la date de ma greffe mais j'ai la curieuse impression d'être enceinte jusqu'au cou et d'annoncer mon accouchement prochain. Étrange ? Pas tant que ça quand on songe que « j'attends » ce rein comme on attendrait un enfant. Sauf qu'à l'inverse de ce qui se passe habituellement, cet enfant-là va me donner la vie.

Après cet accueil triomphal, je me dépêche de monter au premier étage dans le bureau de M. Rottembourg. Quelle joie de revoir cet homme ! Comme à chacune de mes visites, je m'abandonne dans ses bras, totalement rassurée. Je peux enfin baisser la garde et lui passer le relais de surveillance.

Nous sommes quarante-cinq dialysés à nous partager les faveurs de ce médecin exceptionnel, à raison de trois séances par jour, quinze par quinze : le matin pour les uns, l'après-midi pour d'autres, et le soir pour d'autres encore. Je suis de la dernière équipe. Rottembourg fait le tour de ses patients, s'asseyant quelques minutes auprès de chacun, discutant sérieusement de notre condition physique et psychologique. Il informe, questionne, plaisante comme un vieil ami... Pour les quarante-cinq dialysés quotidiens, ce rituel est un vrai réconfort.

Ce mois d'avril est déjà chargé en rendez-vous médicaux. Je me rends d'abord chez le dermatologue. Une kératose [1] de la taille d'un petit pois, située sur la jambe gauche, m'inquiète.

– Rien de grave, me rassure le médecin, mais il va falloir l'intervention d'un chirurgien, dans une clinique de Boulogne.

« Pas avant le 6 mai », précise-t-il.

Je repars donc avec mon « petit pois » sur la jambe, lequel me provoque une douleur lancinante qui commence à me taper sur les nerfs. Une fois de plus je dois attendre.

J'aimerais tant rayer ce mot de mon vocabulaire !

Vers la mi-avril je découvre, époustouflée, mon planning médical jusqu'à l'opération : pas moins de dix-sept rendez-vous s'imposent dans le cadre du bilan prégreffe ! Car paradoxalement, du moins en apparence, il faut être en parfaite santé pour bénéficier d'une greffe.

1. Épaississement de la couche cornée de l'épiderme (*Grand Larousse Universel*, édition 1995).

Je ne me plains pas de ces précautions, car j'ai enfin l'impression d'amorcer la phase finale de ma libération. D'un commun accord avec le Dr Rottembourg, nous décidons de lancer ce marathon médical le 27 avril, le temps pour moi de prendre mes nouveaux repères à Paris.

Astrid, l'assistante du professeur, me remet le programme dactylographié de mes futurs rendez-vous. L'attente étant trop longue dans le secteur public, aucun de ces examens (sauf un) ne sera pratiqué en milieu hospitalier. Je vais donc sillonner Paris pendant environ un mois. Je retranscris ici la liste des dernières étapes d'un futur greffé :

– 27 avril, 11 h 50 : scanner abdominal.

– 29 avril, 10 h 20 : échographie abdominale, radios pulmonaires et radios du bassin.

– 2 mai, 14 h 30 : gynécologue.

– 4 mai, 11 heures : échographie de stress (fatiguer volontairement le cœur pour mesurer sa résistance).

– 6 mai, 11 heures : chirurgien (pour enlever le « petit pois »).

– 10 mai, 16 heures : anesthésiste (pour la fibroscopie) à la clinique du Louvre.

– 12 mai, 10 heures : fibroscopie à la clinique du Louvre (une caméra descend dans l'œsophage pour voir si tout va bien dans l'estomac).

– 19 mai, 12 h 45 : cardiologue (électrocardiogramme).

– 19 mai, 15 heures : cardiologie Doppler.

– 24 mai, 17 heures : ophtalmologue.

– 24 mai, 15 heures : retrait des fils (du « petit pois »).

– 26 mai, 11 heures : scintigraphie cardiaque (le seul examen en milieu hospitalier).

– 30 mai, 13 heures : étude de mes résultats avec le Pr Legendre.

– 31 mai, 11 h 15 : IRM pelvienne (image à résonance magnétique au niveau du col de l'utérus).

– 31 mai, 15 h 30 : ORL (vérifications nez, gorge, oreilles).

Et avec Richard :

– 9 juin, 10 heures : chirurgien transplanteur Dr Méjean.

– 9 juin, 10 h 50 : anesthésiste.

Sans oublier, jusqu'au 21 juin, mes trois jours de dialyse par semaine.

Avec cet agenda de ministre, je me refuse à envisager la moindre pensée négative à propos de ces examens : tout va bien se passer et je serai greffée le 21 juin, il le faut et je le veux !

*

* *

Une pause salutaire et agréable s'offre à moi : les vacances de Pâques que Sarah vient passer à Paris. Entre deux dialyses, j'essaye d'être une mère disponible et de répondre aux attentes de mon adolescente impatiente de découvrir la capitale. Ce séjour trop rapide s'écoule sans heurts et j'en garde un merveilleux souvenir.

Quand j'accompagne ma fille à l'aéroport pour son retour, elle est d'humeur morose, nous avons du mal à nous séparer. Le temps n'a pas la même densité pour elle que pour moi, et elle reste hermétique à ma phrase devenue rituelle : « La fin du cauchemar, pour toute la famille, est proche ! »

Je suis rassurée, je sais que mes parents veilleront sur Sarah jusqu'à la fin de l'année scolaire. Il est prévu que mes enfants et mes parents soient là pour l'opération : ils arriveront le 20 juin.

Mes chers parents, vous ai-je assez dit combien je vous aimais et combien j'ai été touchée par votre sollicitude à mon égard, et aussi à l'égard de mes enfants ? Vous avez été pendant de longs mois leur vraie famille, leur vrai repère. Sans jamais vous plaindre, vous m'avez soutenue à bout de bras, tenu la tête hors de l'eau en dépit de tout (je ne fus pas toujours facile) pendant ces trois dernières années. Vous m'avez donné tant d'amour, d'attention, d'équilibre, de bonheur... J'espère vous le rendre et adoucir votre vieillesse : un peu de repos ne vous ferait pas de mal !

*
* *

Le 6 mai, ablation du « petit pois » à la clinique quatre étoiles de Boulogne, modèle du genre. Affublée d'une chemise d'opérée et d'une charlotte sur les cheveux, je descends en chaise roulante au bloc opératoire pour me faire retirer mon kérato-acantome sous anesthésie locale. Les précautions – qui correspondent au prix – dont s'entoure le chirurgien me semblent un peu démesurées mais cependant me rassurent. Tout y est : hygiène parfaite, infirmières souriantes et chirurgien super pro !

En revanche à l'hôpital X, à Paris, la scintigraphie cardiaque, qui consiste à s'assurer du bon fonctionnement du cœur, me laissera du 26 mai un souvenir amer...

Dans la salle d'examen, j'enlève mon tee-shirt serré à manches longues. On m'injecte un produit radioactif en intraveineuse puis on me fait pédaler sur un vélo. On me demande de garder l'aiguille dans la veine pour recevoir un autre liquide lors du prochain examen. Après quinze minutes d'effort, je suis au bord de l'évanouissement. Normal, étant sous dialyse, je ne m'attendais pas à battre un record de vitesse ! Je demande à me reposer.

– C'est impossible, il faut faire l'autre examen immédiatement !

Épuisée et suffocante, je contreviens aux ordres et me réfugie silencieusement sur un lit de repos qui semble normalement prévu à cet effet...

L'infirmier se précipite sur moi, me relevant de force et proclamant d'un ton revêche :

– J'ai dit non, il faut y aller !

Je tiens à peine debout, l'aiguille toujours plantée dans mon bras.

– Vous allez enfiler votre tee-shirt pour passer dans la pièce à côté. On doit traverser la salle d'attente.

Je me rebelle :

– Je ne peux pas ! Avec cette aiguille, mon vêtement est bien trop étroit et la manche ne passera pas !

– Vous allez faire comme tout le monde.

– La question n'est pas là ! Je vous dis que je ne peux pas enfiler mon tee-shirt !

Excédée, je me lève, recouvre mon soutien-gorge de mon tee-shirt, sors de la pièce, traverse la salle d'attente sous les regards stupéfaits du personnel, et m'apprête, stoïque, à affronter l'examen suivant dans la salle voisine.

Cette montée d'adrénaline me donne une bouffée d'énergie. J'en profite pour leur dire ce que je pense de leur façon autoritaire de procéder... Un incident comme celui du tee-shirt, un parmi tant d'autres, est inadmissible ! Dois-je ajouter que les malades ne sont pas des animaux de cirque ?

*
* *

9 juin : un grand jour. Richard et moi devons rencontrer pour la première fois, toujours à l'hôpital Necker, notre chirurgien transplanteur, le Dr Méjean.

Plus je vieillis, plus j'ai l'impression que les médecins sont vraiment très jeunes ! Pour moi, ce chirurgien qui va tenir la vie de Richard et la mienne entre ses mains ressemble à un adolescent. Il a des traits si fins... Plus tard, mes amies en visite me diront qu'il est tout simplement très séduisant.

Pour l'instant, je suis plutôt attentive à sa calme assurance. Il procède méthodiquement, un peu comme un policier, et s'adresse à Richard :

– Quel est votre âge ?

Réaction instinctive de Richard (je m'y attendais, un peu fébrile) :

– Attendez, vous avez mon dossier oui ou non ?

– Chaque spécialiste a son dossier. Mais ne vous étonnez pas si l'on vous repose la question. C'est une simple vérification.

Richard semble penser très fort que cette vérification est inutile. Et il peut être très intimidant, parfois... Mais le chirurgien ne se laisse pas démonter. Il semble deviner l'inquiétude extrême et justifiée de mon frère. Sans plus attendre il donne les informations claires, sans complaisance, que nous attendions.

– La néphrectomie (ablation d'un rein) que nous allons pratiquer a été mise au point depuis longtemps. Personnellement, en dix ans, je n'ai jamais eu de pépin. Il existe, à vrai dire, un très petit pourcentage d'échecs.

– Lequel ? demande Richard.

– Moins de un pour cent.

Mon frère se satisfait de la réponse.

– Est-ce que le rein restant ne se fatiguera pas ?

– Si vous avez une bonne fonction rénale, il n'y a pas de risque. En trois semaines, physiquement, vous aurez récupéré.

Il ne minimise pas, en revanche, la douleur postopératoire : le chirurgien coupe dans une partie du corps très musclée.

L'entretien se termine bien mieux qu'il n'avait commencé. Par la suite, la relation entre les deux hommes deviendra amicale.

*

* *

Plus le temps et les rendez-vous défilent, plus Richard me semble appréhender les implications inéluctables de son geste spontané et courageux. Pour lui aussi le compte à rebours commence...

À partir de cet entretien avec le Dr Méjean, petit à petit nous nous réfugions chacun de son côté dans le silence. Une tension s'établit entre nous, lourde, presque palpable et surtout douloureuse.

Ce qui représente une délivrance pour moi, un sauvetage merveilleux, est synonyme de risque, de souffrance et d'incertitude pour mon frère. Ses craintes sont légitimes et ne sont sans doute pas faciles à gérer.

Toute forme de communication devient presque impossible. Je voudrais rassurer mon « sauveur », mais je ne trouve pas les mots. Nous n'arrivons même pas, à nous deux, à rasséréner nos parents au comble de l'anxiété, alors comment, toute seule, apaiser les craintes de mon frère ?

Dans ce mutisme, chacun compense comme il peut. Richard se met à nettoyer l'appartement de fond en comble, à passer sa terrasse au Karcher. Il décide de faire repeindre sa chambre et sa salle de douche : la gestion des ouvriers semble l'occuper énormément...

Quant à moi...

Un homme m'appelle souvent et s'immisce avec douceur et persistance dans le livre que j'écris. Il se hasarde à me dire combien ma vie le fascine. Sa voix est grave et belle. Je m'ennuie... Je me laisse troubler par ses mots. Un soir, il propose de venir me voir chez moi. Il ajoute, une fois que je lui ai rappelé mon adresse :

– Y a-t-il de la place pour se garer ?

Aujourd'hui je me dis qu'il faut se méfier des hommes qui ont des préoccupations si terre à terre.

Je n'ai dit ni oui ni non mais il arrive quand même ! À mon grand désespoir, car je ne suis certes pas au mieux de ma séduction. Il n'a pas apporté de champagne. Quelle délicatesse d'avoir pensé à ma santé...

Lumière tamisée, conversation sensible et profonde : je fonds comme un glaçon au soleil. Nous flirtons. Quel bonheur !

Je le modère néanmoins, n'osant pas lui dire franchement que je ne peux vraiment pas risquer d'attraper le moindre microbe. Il finit par partir, un drame est arrivé : je suis amoureuse comme une adolescente ! Étrange homme, et le seul, à l'époque, à me trouver séduisante et intéressante... jusqu'au lendemain de l'opération !

Je pense qu'il s'attendait probablement à une fin tragique. Un grand romantique à qui mon sursis avait inspiré les accents de Werther... Quand il m'a vue bien vivante et en forme, après un long silence il m'a appelée pour me dire qu'il ne pouvait pas affronter, « pour le moment », une relation durable ! J'ai évité de lui répondre que moi non plus... que si sa vie était vide – ce qu'il me répétait sans cesse – la mienne était trop pleine de projets, après cette intervention, pour que je m'engage... Mais pourquoi cette fuite devant une simple et charmante aventure ? Cet abandon m'a rendue triste mais aujourd'hui j'ai pardonné. Grâce à cet homme, à un moment crucial de mon existence, j'ai su que mon cœur pouvait encore vibrer pour quelqu'un.

Comme disait Marx : il a eu une utilité historique !

*
* *

Après ces intermèdes – l'hyperactivité ménagère de Richard et mon fol amour romanesque –, je prends conscience que le silence qui s'est installé entre mon frère et moi est trop douloureux. Nous ne pouvons aller à l'opération dans deux semaines dans cet état... Il nous faut absolument une conversation. Après réflexion, je décide de lui envoyer ce mail :

« Richard

» Comme je n'arrive pas à exprimer ce que j'ai dans le cœur, je vais essayer de t'écrire...

» Je souffre beaucoup – et je me suis rendu compte que toi aussi – de notre incapacité à communiquer, à nous dire des choses simples dans une période grave...

» Tu sais, depuis si longtemps, je me sens un vilain petit canard, et ma dignité de femme, de sœur, en prend un coup !

» Je voudrais tant être pour toi autre chose qu'une source de soucis... Je cours après ton estime depuis toujours. Je cours après un compliment comme une enfant...

» Je n'ose pas te prendre dans mes bras et te dire combien je comprends ta peur et combien je te suis reconnaissante. Crois-tu que je ne sache pas tout ce que tu fais pour moi ? Sais-tu combien j'ai de gratitude et d'amour pour toi ? C'est si difficile d'exprimer un tel merci quand on souffre dans sa chair. Je donnerais ma vie pour toi et mes enfants.

» Je suis fière de toi. Ta vie, ta carrière me tiennent très à cœur et je te respecte, Richard. Mais pour l'instant, je cherche à exister au présent, à ne pas lâcher prise. J'ai envie de vivre demain... grâce à toi, mais aussi avec ce que je suis – tout simplement – et si possible dans la joie !

» Aimer, et tu le sais mieux que quiconque, n'est-ce pas apprendre à donner et à recevoir ? Une fois de plus, tu donnes et je reçois. Que puis-je pour l'instant t'offrir en échange ?

» Te dire que dans la vie tu as une sœur qui t'aime pour ce que tu es... et sur qui tu pourras toujours compter.

» On peut aimer Richard en oubliant la star !

» Je t'aime avec tout mon cœur mais j'ai besoin aussi que tu me traites en adulte. Crois-moi, je ne suis plus une enfant. Vivre avec la mort mûrit et ramène tout à des réalités simples. Je suis sans doute égoïste. Je le regrette mais je suis si fatiguée... Si triste de me voir abîmée et dépendante...

» J'espère pouvoir un jour te rendre ce que tu fais pour moi. En attendant, je voudrais déjà que tu sois fier de la femme, de la sœur, de l'artiste et de la « militante » (j'ai besoin de ce livre, de ce film pour témoigner...).

» Si tu savais combien je souffre de t'imposer cette terrible épreuve...

» J'ai peur soudain que tu m'en veuilles...

» Ta sœur. »

Le lendemain, à mon retour de dialyse, je trouve un bouquet de pois de senteur déposé sur la table par mon frère. Pas de commentaire, pas de mot griffonné. C'est ça, Richard !

*

* *

Deux jours avant la greffe, Minou Azoulai, la réalisatrice, interviewe mon frère sur son état d'esprit. Je retranscris ici une partie de cette entrevue.

« – Quelles questions se pose-t-on, à la veille de l'opération ?

» – Tout à coup, je me rends compte de la gravité de mon engagement et ce n'est pas facile. J'ai reculé le plus possible le moment de le voir d'une façon aussi crue et lucide. Là, c'est demain, et je sais que cela ne concerne pas que moi, mais aussi mes deux filles. C'est à elles que je pense maintenant.

» – Et aux risques ?

» – Oui, évidemment. On ne peut pas être sûr à cent pour cent du succès de l'anesthésie, tout le monde le sait. Il y en a qui y restent. Un petit pourcentage, mais bien plus, par exemple, que des personnes qui gagnent au Loto. Or il y a beaucoup de gens qui jouent au Loto et beaucoup moins qui donnent leur rein !

» – Et sur la question éthique ?

» – Dans le *Cantique des cantiques*, on raconte l'histoire de deux hommes dans le désert. L'un a une gourde, l'autre non. Pour pouvoir rester en vie jusqu'à la sortie de cet enfer, il n'y a d'eau que pour un seul homme. La situation est la suivante : soit ils partagent la gourde et aucun n'arrive, soit l'un des deux prend l'eau pour lui et se sauve la vie. La réponse donnée par la tradition est étonnante : c'est le plus valide qui doit prendre la gourde et laisser le plus faible mourir. Il sera ainsi à même d'apporter sa contribution à la société.

» Je trouve là une forme de grande injustice. Moi, j'ai décidé de partager ma gourde.

» – Que pensez-vous du processus suivi par un donneur ?

» – Je trouve qu'il est normal. Il faut s'assurer qu'on ne risque pas d'affaiblir une santé défaillante, et ces examens sont une manière de faire prendre conscience à certaines personnes, qui seraient peut-être un peu légères, que ce geste n'est pas anodin. Par ailleurs, à l'hôpital Necker, en particulier dans l'équipe du docteur Legendre, j'ai rencontré des gens formidables.

» En revanche, on pourrait critiquer le manque de prise en compte du donneur, d'une manière plus générale. Je suppose que certains progrès ont été faits, mais après tout, on remet en cause votre santé, avec tous ces tests, et on ne vous donne jamais les résultats ! Je trouve ça désolant. J'aurais aimé entendre, au fur et à mesure, des “ça c'est bien”, ne serait-ce que pour rassurer le receveur...

» D'autre part, tout est très médicalisé, mais aucun suivi psychologique réel n'existe. La visite de pure forme que j'ai passée auprès d'un psy m'a semblé plus une farce qu'autre chose. Pour moi, cela ne présentait pas de réel problème, même si sur le moment j'ai trouvé ça choquant, mais je me dis que pour quelqu'un de peu structuré, cela pourrait s'avérer plus dangereux.

» Je reste persuadé qu'il y a encore beaucoup de progrès à faire pour considérer le donneur sous un angle plus respectueux. Il fragilise sa propre santé, il se fait "ouvrir" alors qu'il est bien portant, cela mérite beaucoup de considération. Si l'on veut qu'il y ait plus de donneurs, il faut changer d'attitude et améliorer vraiment leur statut.

» – Qu'est-ce qui vous fait tenir ?

» – Pour être très honnête, j'espère et je souhaite de tout mon cœur que ma sœur aille vraiment mieux le plus longtemps possible. En ce qui me concerne, j'ai l'impression que ce don va peut-être résoudre une très ancienne culpabilité : celle d'être né avant une sœur très proche et malade alors que j'étais, moi, bien portant. C'est une grande injustice que l'on a très envie de réparer. En lui donnant mon rein, je me dis que je ne pourrais rien faire de plus, ni de mieux, et j'espère que cela me libérera de ce poids. »

*

* *

Ce lundi matin 20 juin, dernière dialyse, puis départ pour l'hôpital. Les infirmières du centre m'embrassent... Les reverrai-je ? Peu importe, elles sont dans mon cœur.

Je ne suis pas inquiète, je décide de m'asseoir sur un banc, dans un square, et de réfléchir. Je me trouve dans une telle impatience de revivre qu'il m'est impossible de laisser place au doute. Seule me bouleverse cette générosité des miens qui m'ont aidée à survivre, et ce geste de Richard qui m'offre une *troisième* existence. La première s'est déroulée dans l'insouciance de l'enfance et de l'adolescence, et dans l'inconscience relative de la chance que ma mère m'avait donnée en m'offrant un de ses reins. La deuxième a été un mélange de souffrances et de joies extrêmes, mais surtout de quête de soi. Il me fallait, sans ingratitude, me libérer de la protection dont on m'entourait, apprendre à vivre avec les contraintes de la maladie, mais pas comme une malade, et trouver mon chemin.

J'espère que la troisième sera le temps de l'harmonie, de l'engagement et de la générosité.

– TROISIÈME VIE –

« Veux-tu vivre gaiement ? Chemine avec deux sacs, l'un pour donner, l'autre pour recevoir. »

GOETHE, *Maximes et réflexions*

– XVIII –

DONNER ET RECEVOIR

Paris est écrasé par la chaleur ce 20 juin 2005, c'est mon dernier jour de dialyse. Annabelle m'appelle et me dit que nous devrions d'urgence investir dans une fabrique de climatiseurs. J'aime rire, avec elle, dans les moments de gravité...

Elle ajoute, plus sérieusement :

– Ton devoir, ce soir, c'est ton frère ! Il a besoin de toi... Il doit avoir très peur. Je peux accepter, moi, ton « fol égoïsme », pas lui ! Marie, n'oublie pas : tu as tout à gagner de cette greffe, mais Richard peut tout perdre.

Je le sais au fond de mon cœur, mais qu'elle me le rappelle me fait frissonner...

J'arrive à l'hôpital en fin d'après-midi, en même temps que Richard. Tels deux prisonniers, nous prenons possession chacun de sa chambre. La mienne au début du couloir, la sienne à l'autre bout. Étrange, ce long couloir qui nous sépare cette dernière nuit...

Nous avons, l'un et l'autre, souhaité que nos parents ne soient pas présents, ce soir, afin de les préserver. Richard a beaucoup insisté auprès des infirmières pour que pendant l'opération et la longue attente, ils soient pris en charge avec attention. Nous profitons de cette dernière soirée, chacun de son côté, entourés de nos enfants et de nos amis les plus chers. J'apprendrai quelques jours plus tard que beaucoup de fleurs sont arrivées pour nous. Ma mère les a emportées à la maison et les soigne avec amour.

Il est 22 heures, nous voilà enfin seuls, une longue nuit commence pour nous. Un même désir, au même moment, de faire quelques pas : nous nous croisons dans le couloir, nous nous serrons très fort dans les bras l'un de l'autre, avec une infinie tendresse. Je ressens moins de tension entre nous, pourtant nous avons très peur, et les mots ne viennent pas... Je ne réussis pas à dire à Richard que je crains plus pour lui que pour moi... Je pense en silence, avec un clin d'œil au passé : « Il nous faut descendre l'escalier, mon frère, j'ai mis ma main dans la tienne ! »

En fait d'escalier, nous savons qu'il doit descendre au bloc le premier, demain à 8 heures.

Et « demain » arrive... Je suis réveillée depuis longtemps, je regarde à travers la fenêtre ce premier jour de l'été. Déjà sous calmants, je ressens pourtant une impatience de plus en plus grande : « Qu'on en finisse ! » Et voilà que Richard ouvre la porte de ma chambre en tenue d'opéré, courte chemise blanche et probablement les fesses à l'air. Il me fait un petit signe de la main et annonce d'un ton dégagé :

– Bon, eh bien j'y vais !

Je connais ce chemin, mes pensées le suivent, seconde après seconde, pendant ces trois longues heures : endormi, ouvert... Le chirurgien retire son rein gauche. Rapidement et délicatement, il le pose sur la glace, dans le « haricot », récipient métallique stérile posé près du champ opératoire. Puis il recoud. La cicatrice fera environ dix centimètres de long. Je m'applique à passer et repasser dans ma tête cette scène que je veux sans surprise, sans problème, sans accident...

La porte de ma chambre s'ouvre à 10 heures, c'est mon tour de « descendre ». Je suis encore consciente, mais sourde. On m'a retiré mon appareil. Je veux absolument savoir comment va mon frère.

On me fait attendre une heure près du bloc, et ce retard m'inquiète terriblement. On vient enfin me chercher et un homme semble me faire comprendre que Richard se porte bien.

Aujourd'hui, j'aime encore visualiser ce moment : le rein de mon frère est inséré délicatement, tel un joyau, dans un petit espace situé sur mon côté gauche, à la hauteur de mon utérus. Il est plus facile à « surveiller » à cet endroit. Me voilà recousue. Le rein de mon frère est non seulement en moi, mais à moi : quelle étrange sensation ! Il me l'a donné, certes, mais je le lui ai pris. Ne suis-je donc qu'une voleuse ? Peut-être, mais une voleuse vivante !

L'opération s'est bien passée, le transfert de vie a réussi. Durée totale des deux interventions : six heures.

*
* *

Dans la salle de réveil, il ouvre les yeux avant moi, il me dira par la suite qu'il m'a entendue arriver près de lui, sur mon lit roulant, hurlant, paraît-il. Je ne me souviens pourtant d'aucune douleur.

Mais je suis encore dans les limbes, à peine consciente. Il me fait le signe convenu entre nous pour me dire que tout va bien en plissant les yeux : il sait que je ne peux pas entendre. Lentement je refais surface, comprends ce qui se passe autour de moi : nous sommes vivants, côte à côte ! Quand on le remonte dans sa chambre, avant moi, nous avons juste le temps de nous effleurer la main. Les larmes me montent aux yeux : c'est un des plus beaux moments de ma vie. Et je crois avoir lu dans le regard de Richard, en quelques petites secondes, une immense tendresse.

De retour dans ma chambre, très rapidement, je sens que je ressuscite, grâce au miracle de la chirurgie. La vitalité fait irruption dans mon corps : je pisse, avec une jouissance presque enfantine !

Dans les heures qui suivent, je suis ébahie : ma peau, grise et déshydratée par les longues séances de dialyse, se métamorphose en une peau douce et rose comme celle d'un bébé. Tout mon corps semble respirer la jeunesse, l'épanouissement.

Je suis euphorique.

Mon frère, lui, souffre (le donneur souffre beaucoup plus que le receveur : il faut le savoir et le dire). On lui a posé une sonde vésicale très douloureuse, reliée à son rein, dont on ne viendra le délivrer que trois jours après l'opération. Il apprendra alors, légèrement irrité, qu'on l'a fait patienter inutilement sept heures de trop. Le personnel, intimidé, n'a soi-disant pas osé venir le déranger. Être une star peut présenter des inconvénients !

Je suppose qu'une douleur plus sournoise envahit lentement son cerveau et qu'il pense : « Je vais vivre maintenant et pour le reste de mon existence avec un seul rein. »

Qui peut savoir à ce moment-là s'il n'éprouve pas un sentiment de perte inéluctable ?

Le lendemain de l'intervention, Richard vient me voir, traînant sa perfusion, toujours vêtu de la chemise blanche, toujours les fesses à l'air, ludique et provocateur. Je le revois soudain, avec émotion, sur la verrière des jeux interdits de notre enfance. Quel bon comédien ! Je suis triste : je ne peux rien pour lui. Je devine son trouble et je sais qu'il se sent seul. Je ne vais pas encore lui dire merci, mais mon devoir est de lui prouver que son « sacrifice » n'aura pas été inutile : non seulement je suis en vie mais je veux être une femme dont il sera fier.

Julien et Sarah restent « scotchés » à moi, rassurés par la tournure des événements. Mon fils a du mal à me partager avec mes quelques visiteurs, et cela me fait sourire. Mon père et ma mère vont et viennent d'une chambre à l'autre, vérifiant que leurs enfants se portent bien. Je vois ma famille, souriante, heureuse, mais encore sous le choc. Je regarde mes parents avec des yeux neufs : ils ont vieilli, ils sont vieux, je les aime... À mon tour de les protéger !

*
* *

Au soir du quatrième jour, suite aux analyses quotidiennes, un interne m'annonce :

– Votre taux de créatinine était à 52 hier, il est à 300 aujourd'hui !

Mon cœur fait un bond dans ma poitrine.

– Quoi ?

– Vous faites un rejet.

– Ce n'est pas possible !

C'est comme s'il était en train de m'annoncer ma mort.

Il prescrit une autre prise de sang en urgence et ajoute :

– On va déjà vous emmener en salle d'échographie.

Il sort de la chambre, perplexe.

Je tremble. J'appelle Richard.

– Viens me voir tout de suite !

– Pourquoi ?

– Un problème.

– Quoi ?

– Viens, je te dis !

Il arrive, je lui raconte. Nous sommes tous les deux effondrés.

Il est 22 heures. Je descends les deux étages qui me séparent de la salle d'examen. On m'installe sur le lit.

– Je ne vois rien de spécial... m'annonce l'échographe. Pour moi tout va bien. Je ne comprends pas vos résultats.

Je remonte dans ma chambre. Richard est en train de parler sur son portable avec un ami, la voix défaite. Quelques secondes plus tard, l'interne entre en trombe :

– Nous avons vérifié. Je... euh... dois vous dire que votre taux est à 60, c'était vraisemblablement une erreur d'étiquetage au labo...

Richard et moi échangeons un regard rapide. Je sanglote sans pouvoir m'arrêter, mouillant de mes larmes l'épaule de mon frère. Deux gosses perdus qui pleurent après une grande frayeur – Augustine, Patini, Alport : cessez de nous faire peur !

Je mettrai une semaine à me remettre de ce choc.

Brusque retour à la réalité : Alport est certes parti avec mon rein malade, mais je sais que jamais je ne serai à l'abri d'un rejet. On m'a dit et redit que vivre trente-trois ans avec un rein greffé avait été un miracle. Dans un sursaut de gourmandise, je demande juste à la vie encore quinze belles années. Je fais néanmoins partie de ce petit groupe d'humains qui vivent avec l'heure probable de leur mort accrochée au miroir de la salle de bains. Quinze années : c'est quinze étés et quinze Noëls...

Ce soir-là, en m'endormant épuisée, j'imagine Noël prochain, Noël *« number one »* !

Huit jours seulement après l'opération, je peux rentrer chez moi. Richard, lui, a déjà regagné son appartement. Je suis étonnée de la vitesse à laquelle mon corps récupère, et de l'incroyable efficacité médicale qui m'a permis de me retrouver dehors si rapidement.

*

* *

Grâce à un protocole très bien mis au point par l'équipe du Dr Legendre, je n'ai aucune restriction alimentaire. C'est un détail, mais quel bonheur ! Comme les choses ont évolué depuis 1970 ! La cortisone, par exemple, est beaucoup plus justement dosée : 625 milligrammes les deux premiers jours, puis 20 pendant quelques semaines, et plus rien quelques mois plus tard. Quand on connaît les effets dévastateurs de ce médicament par ailleurs si utile, on apprécie cette réduction. Pour mémoire, je rappelle qu'après ma première greffe de 1970, outre les doses massives du début, j'ai dû supporter 8 milligrammes quotidiens pendant trente-trois ans...

Les immunosuppresseurs ont changé, eux aussi. Ils sont aujourd'hui moins toxiques pour le foie, ce qui évite les complications hépatiques, fréquentes autrefois.

De plus, de nouveaux médicaments antiviraux que je dois prendre pendant quatre mois me mettent à l'abri de toutes ces « petites » mais handicapantes maladies qui m'ont affaiblie tant d'années.

Des antibiotiques pour prévenir les problèmes pulmonaires et un antifongique viennent compléter cette panoplie impressionnante.

Grâce à tous ces remèdes, ma condition physique se trouve bien plus confortable que celle qui a suivi la première greffe du rein de maman.

Quant au suivi du malade, il est beaucoup plus précis que jadis. Dans l'équipe de néphrologie du Pr Legendre, je suis en contact avec des intervenants qui couvrent exactement les besoins des greffés : coordinatrices prégreffe et post-greffe, chirurgien transplanteur, anesthésiste, diététicienne, kinésithérapeute, psychologue. Chacun des acteurs de l'aventure de la transplantation a pris son rôle à cœur, a donné le meilleur de lui-même.

Dans le centre de dialyse du Dr Rottembourg, j'ai déjà éprouvé ce sentiment si rassurant d'être prise en charge. S'occuper d'un patient que l'on respecte en tant qu'être humain apporte une douceur aux malades et, j'en suis certaine, une satisfaction et une réelle fierté à l'équipe médicale.

*

* *

De retour à la maison, je constate combien il est déroutant d'aborder une vie dite « normale » quand on a été si longtemps « a-normal ». Oublier les heures de dialyse, la fatigue à négocier, la culpabilité d'être malade... Et se remettre tout simplement à marcher, se rendre chez des amis, aller au cinéma, avoir à nouveau envie de se sentir femme, ne plus s'habiller pour cacher son corps mais au contraire pour le mettre en valeur. Je dois apprivoiser ma liberté et m'habituer à vivre comme quelqu'un qui n'est plus en sursis.

Et je dois faire le point sur mon existence.

J'ai la certitude aujourd'hui que chacune de mes vies m'a donné une clé : j'ai trois vies, donc trois clés qui me sont essentielles :

– Le monde de l'enfance et sa richesse... La vie de l'homme prend racine dans l'enfance. Et je crois que dans chaque enfant il y a peut-être un « Mozart », en tout cas il y a un avenir.

– Le monde du cœur : savoir donner et savoir recevoir, surtout dans l'épreuve. La force vient de la générosité humaine et absolument pas des armes de l'orgueil.

– Le monde de la lucidité : ouvrir les yeux et avoir le courage de s'engager et de prendre position au-delà des problèmes personnels.

Munie de ces clés, j'émets quelques souhaits... Je pense d'abord à Julien et Sarah : ils sont frère et sœur, je voudrais qu'ils s'aiment et se respectent mais je souhaite ardemment qu'aucun des deux ne se sente responsable de l'autre. On ne répète pas l'histoire de « Richard et Marie ».

Deux êtres de grande qualité m'ont sauvé la vie, mais je ne suis pas Mozart ! Mon rêve, tout simple, est de retrouver ma peinture. Je m'imagine bientôt dans un atelier avec mes chères porcelaines, mes amies. J'aime ce travail, je veux et je dois en vivre.

Dernier souhait, formé comme un vœu : je m'engage à ne jamais oublier, comme je l'ai fait autrefois – mais j'étais si jeune –, ma chance d'être en vie. Je jure de me souvenir, à chaque instant, du bonheur de respirer... Et je jure de rendre au centuple ce que j'ai reçu de mes proches, chaque fois que l'occasion se présentera.

Je veux essayer de me joindre avec détermination au mouvement de solidarité, à cet éveil collectif, à ce combat pour le don d'organes.

Il y a quelques mois, je m'étais mise en quête d'organismes concernés par mon syndrome, avec l'idée, déjà, de m'intégrer à l'un d'entre eux. J'ai alors opté pour l'Airg (Association pour l'information et la recherche sur les maladies rénales génétiques). Son objectif de soutenir la recherche médicale me paraissait à la base de toute action à long terme.

J'ai donc décidé d'appeler les responsables pour leur faire part de mon envie de les rejoindre.

Quelle ne fut pas ma surprise de m'entendre répondre :

– Ah ! Vous avez fait le même choix que votre frère !

– Comment ça ?

– Il est parrain de l'association depuis quelques mois, vous ne le saviez pas ?

Un peu plus tard, à Richard :

– Tu ne m'avais pas dit que tu étais parrain de l'Airg !

Tu ne peux pas savoir comme cela me touche et me rend encore plus fière de toi !

Réponse de Richard : silence radio. Pas d'autosatisfaction, aucun commentaire. Un grognement, peut-être ? Mon frère a la grandeur d'âme bougonne.

Quoi qu'il en soit, je ne m'arrêterai sans doute pas là dans mon engagement. Mon souhait le plus cher : aider, dans la mesure de mon possible, à porter sur le devant de la scène le combat pour les maladies génétiques rénales.

Dans l'optique de ce combat, j'ai l'espoir, aussi, que le lecteur puisse tirer un peu profit de mon histoire et que les malades se sentent moins seuls. Tout le monde n'a pas eu la chance de bénéficier d'un don d'organe. Des hommes et des femmes souffrent encore et sont en attente, c'est pour eux qu'il nous faut agir.

La pénurie de don d'organes ne me semble pas liée à un manque de générosité, mais plutôt à une insuffisance d'information et de communication. Combien de gens sont-ils au courant qu'une personne sur trois n'autorise pas les équipes médicales à prélever un organe sur un disparu proche, parce qu'elles ignorent le souhait intime de la personne décédée ? Il est utile de savoir que chacun peut signifier à son entourage sa position sur ce sujet, de manière claire, avec une carte de donneur ou des instructions écrites, précises.

Sauver une vie, n'est-ce pas comme une petite parcelle d'éternité que l'on s'offre ?

Et il est bon de savoir, aussi, qu'après l'ablation d'un organe l'équipe médicale rend à la famille un corps « respecté ».

Je n'ai ni leçons, ni conseils à donner. Je ne souhaite qu'attirer l'attention des lecteurs sur ce problème.

*
* *

Et Philippe, dans tout ça ? Le petit frère aurait-il disparu dans le cyclone ? Il demeure silencieux et absent. Pourtant il voulait me donner un rein. Pourtant il m'a accompagnée plusieurs fois à l'hôpital. On dirait qu'il boude...

Richard et moi pouvons-nous lui en vouloir ? Ne pourrions-nous pas plutôt comprendre qu'il a eu si peu de place pour exister dans notre vie ? Ne pourrions-nous pas plutôt l'aimer d'avoir cherché à vivre et à survivre loin de nous ? Ne devrions-nous pas, avec modestie et générosité, accepter que le petit dernier est devenu un grand sculpteur et le lui dire avec amour ?

Le calme revenu, j'espère qu'il réintégrera sa place au sein de la famille.

*
* *

Pour l'heure, nous sommes fin août et Paris, encore paisible, s'étire sous le soleil d'un été qui joue les prolongations.

J'ai la joie de regarder Richard aller et venir... Vif et pudique, tout à sa passion du théâtre et du cinéma. Ses filles l'entourent de leur affection.

Nous nous croisons et nous parlons de Ben, son chien...

Je voudrais te dire, Richard, qu'il est temps pour moi de te rendre ta liberté : tu ne dois plus « veiller sur ta petite sœur » !

J'ai grandi, et j'ai même vieilli !

Je dois, moi aussi, apprendre à être libre, je dirais mieux, apprendre à me libérer de ce passé où j'ai vampirisé tous les miens par la faute d'une injustice de naissance. Je sais que la solidarité n'est pas un vain mot : maman, Richard, les miens me l'ont prouvé. À moi désormais de me consacrer aux autres, dans le cadre de la cause que j'ai choisie.

Le don d'organes.

Le don de soi.

– ANNEXES –

PRÉCISIONS SUR LE DON D'ORGANES

Tout ceux qui désirent s'informer de manière efficace sur les modalités de greffe, les chiffres officiels et les adresses importantes pourront lire cette annexe avec profit. Je tiens à remercier l'Agence de la biomédecine de nous avoir permis de reproduire ici des extraits de son guide du don d'organe.

Un nombre croissant de malades en attente de greffe

La greffe d'organe, c'est le remplacement d'un organe défaillant par un organe sain, appelé greffon. En 2004, 11 500 personnes ont eu besoin d'une greffe d'organe pour continuer à vivre ou pour mieux vivre. Ce nombre augmente chaque année du fait de l'allongement de la durée de vie mais aussi du fait d'un manque de greffons.

En 2004, 3 948 personnes ont pu bénéficier de la greffe dont elles avaient besoin et 260 malades sont décédés faute de greffons. Le prélèvement d'organes n'est possible que dans des conditions exceptionnelles. Seules les personnes décédées en état de mort encéphalique dans un service de réanimation peuvent être prélevées. Elles sont peu nombreuses : en 2004, 2 515 personnes ont été recensées en état de mort encéphalique. Et 1291 ont été effectivement prélevées.

Ne sachant pas si le défunt était opposé ou au contraire favorable au don de ses organes ou de ses tissus, un tiers des proches consultés refuse le prélèvement lorsque la question leur est posée à l'hôpital, par le médecin ou l'infirmière.

C'est pourquoi il est si important de faire part de sa position à ses proches.

Qu'est-ce que la mort encéphalique ?

Suite à un accident vasculaire cérébral ou un traumatisme crânien, le cerveau peut être irrémédiablement détruit. C'est la mort encéphalique. Lorsque cela se produit à l'hôpital, il est possible de maintenir artificiellement l'activité cardiaque et la respiration pour préserver les organes et permettre le prélèvement puis la greffe, mais ce maintien ne peut durer que quelques heures.

Quels organes greffe-t-on ?

En 2004, en France : 2 423 greffes de rein, 931 greffes de foie, 317 greffes de cœur, 145 greffes de poumons, 22 greffes de cœur-poumons, 103 greffes de pancréas, et 7 greffes d'intestin ont été réalisées. Des tissus sont également greffés, notamment les cornées, avec plus de 4 000 greffes.

Que dit la loi ?

Les trois grands principes de la loi de bioéthique sont le consentement, la gratuité du don et l'anonymat entre le donneur et le receveur.

Le principe du « consentement présumé » est le suivant : après sa mort, toute personne est considérée consentante au don d'éléments de son corps en vue de greffe, si elle n'a pas manifesté son opposition de son vivant. La loi nous donne donc la liberté de décider personnellement. En cas de décès, le médecin demandera aux proches si le défunt était opposé au don d'organes.

Gratuité : le don d'organes est un acte de générosité et de solidarité entièrement gratuit. La loi interdit toute rémunération en contrepartie de ce don.

Anonymat : le nom du donneur ne peut être communiqué au receveur, et réciproquement. La famille du donneur peut cependant être informée des organes et tissus prélevés ainsi que du résultat des greffes, si elle le demande.

Comment exprimer son choix ?

Si vous êtes pour le don d'organes ou de tissus en vue de greffe, dites-le à vos proches pour qu'ils puissent en témoigner. Portez sur vous une carte de donneur. Celle-ci n'est pas obligatoire mais elle est utile car elle témoigne de votre décision.

Si vous êtes contre le don d'organes ou de tissus en vue de greffe, dites-le à vos proches pour qu'ils puissent en témoigner. Demandez votre inscription au registre national des refus. Ce registre est obligatoirement interrogé avant d'envisager un prélèvement.

Vous pouvez à tout moment revenir sur votre décision. L'inscription est individuelle et possible dès l'âge de treize ans. Le formulaire doit obligatoirement être signé par l'intéressé lui-même et accompagné de la photocopie d'une pièce d'identité.

Et si je n'ai pas fait connaître ma volonté ?

En cas de décès, vos proches seront confrontés à une situation difficile et à une lourde responsabilité car les médecins leur demanderont si vous étiez opposé au don. C'est souvent parce qu'ils ignorent la volonté du défunt que, dans le doute, les proches s'opposent au don d'organes ou de tissus.

Pourquoi est-ce difficile d'aborder le sujet en famille ou avec ses proches ?

Parce que le don d'organes implique d'envisager sa propre disparition ou celle de ses proches, alors que la mort a aujourd'hui disparu de notre quotidien. On ne la voit plus et on évite d'en parler. Or c'est l'évitement qui peut provoquer des situations d'angoisse. Pas le fait d'en parler, y compris avec des enfants qui pensent à la mort beaucoup plus souvent qu'on ne le croit.

Alors comment aborder le sujet ?

Certaines occasions peuvent aider à aborder le sujet. Comme de faire le lien avec une personne malade que l'on connaît, avec certaines maladies comme le diabète ou l'insuffisance rénale qui peuvent nécessiter une greffe. Avec un enfant à l'école obligé de se faire hospitaliser. Ou bien à l'occasion d'une émission de télévision sur le sujet. En règle générale, les sujets graves ne sont pas abordés de façon formelle en famille, mais à l'occasion d'une information entendue, d'un trajet en voiture, etc. C'est une bonne manière d'amener chacun à réfléchir au sujet pour choisir ensuite avec qui il va avoir envie d'en parler : un parent, un copain, un frère ou une sœur.

Comment expliquer le don d'organes sans faire peur ?

En l'évoquant de façon simple, sans « philosopher ». Ce qui est important à faire comprendre, c'est ce message de vie qui peut continuer.

Et si le défunt est un enfant ?

Quand une personne mineure décède, les personnes titulaires de l'autorité parentale doivent consentir par écrit au don en vue de greffe.

Existe-t-il une limite d'âge pour être donneur ?

Il n'y a pas de limite d'âge ; c'est la qualité des organes qui est prise en compte. Si un cœur est rarement prélevé après soixante ans, les reins, le foie ou les cornées peuvent l'être sur des personnes beaucoup plus âgées.

Après l'opération de prélèvement, comment le corps est-il rendu à la famille ?

Le prélèvement est un acte chirurgical, effectué au bloc opératoire avec toutes les précautions habituelles, qui n'entraîne aucun frais pour la famille. Le corps du défunt est traité avec respect et attention avant d'être restitué à la famille pour qu'elle puisse organiser les obsèques selon ses souhaits ou ceux du défunt.

Quelle est la position des confessions religieuses ?

Le prélèvement d'organes, qui a pour finalité de sauver ou d'améliorer la qualité de vie, ne rencontre pas d'objection de principe. Toutes les religions invitent leurs fidèles à une réflexion en faveur du don et disent leur assentiment dès lors qu'il s'agit de sauver une vie en péril.

Peut-on faire des greffes d'organes à partir d'un donneur vivant ?

Oui, dans les conditions prévues par la loi, une personne peut consentir, en vue de greffe, au prélèvement sur elle-même d'un rein, plus rarement d'une partie du foie ou des poumons. Ce prélèvement n'est possible qu'au profit de certains proches définis par la loi.

L'Agence de la biomédecine

L'Agence de la biomédecine, qui a repris les missions de l'Établissement français des greffes, est un établissement public national de l'État créé par la loi de bioéthique du 6 août 2004. Elle exerce ses missions dans les domaines du prélèvement et de la greffe d'organes, de tissus et de cellules, ainsi que de la procréation, de l'embryologie et de la génétique humaines.

L'Agence de la biomédecine met tout en œuvre pour que chaque malade reçoive les soins dont il a besoin, dans le respect des règles de sécurité sanitaire, d'éthique et d'équité. Son rôle transversal le lui permet. Par son expertise, elle est l'autorité de référence sur les aspects médicaux, scientifiques et éthiques relatifs à ces questions.

En matière de prélèvement et de greffe d'organes, l'Agence gère la liste nationale des malades en attente de greffe, coordonne les prélèvements d'organes, la répartition et l'attribution des greffons en France et à l'international, garantit que les greffons prélevés sont attribués aux malades en attente de greffe dans le respect des critères médicaux et des principes de justice, assure l'évaluation des activités médicales.

Enfin, elle est chargée de développer l'information sur le don, le prélèvement et la greffe d'organes, de tissus et de cellules.

ADRESSES

AIRG
BP 78, 75261 Paris cedex 06
Tél. : 01 53 10 89 98
Site Internet : http ://www.airg-france.org/

Fondation greffe de vie
49, rue de Lourmel
75015 Paris
Tél. : 01 45 79 83 50
Site Internet : http ://www.greffedevie.com

Agence de la biomédecine
1, avenue du Stade-de-France
93212 Saint-Denis-La-Plaine Cedex
Standard : 01 55 93 65 50.
Télécopie : 01 55 93 65 55
Site Internet : http ://www.agence-biomedecine.fr

La Famille adoptive française
90, rue de Paris
92100 Boulogne
Tél. : 01 48 25 61 86

REMERCIEMENTS

À

Ange-Marie

Alain Berry
Angelina Berry
Barbara
Brigitte Maccioni
Brigitte (Dialyse, Grasse)
Carine Candy,
directrice de l'Agence de la biomédecine
Catherine Fournier
Catherine Tabouis
Coline Berry
Flo
Françoise mon taxi
Françoise Olivier
Huguette Maure
Ida (Dialyse, Paris)
Jérôme

LE DON DE SOI

Joséphine Berry
Josiane Balasko
Marie-Jo (Dialyse, Paris)
Mariline et Gilles Lebaz
Marilou
Pierre
Virginie Michelet
Toute l'équipe du professeur Legendre

Et à Annabelle, tout particulièrement,
pour son soutien inconditionnel et son amitié joyeuse
pendant ces deux longues années.

TABLE DES MATIÈRES

PREMIÈRE VIE

DEUXIÈME VIE

TROISIÈME VIE

ANNEXES

Direction littéraire
Huguette Maure
assistée de
Maggy Noël

Crédits photographiques
Droits réservés
sauf p. 8 : Jacques Lange / *Paris Match*

Composition PCA
44400 – Rezé

Impression réalisée sur CAMERON par

BRODARD & TAUPIN
GROUPE CPI
La Flèche

pour le compte des Éditions Michel Lafon
en octobre 2005

Imprimé en France
Dépôt légal : novembre 2005
N° d'impression : 32273
ISBN : 2-7499-0370-X
LAF : 717

Si vous souhaitez obtenir
une carte de donneur d'organes...

Remplissez **très lisiblement** le coupon-réponse ci-joint et renvoyez-le à l'adresse indiquée ci-dessous. Vous recevrez votre carte accompagnée d'un document d'information sur le don d'organes et la greffe. Cette carte vous appartient, ne nous la retournez pas mais conservez-la sur vous.

Agence de la biomédecine
Direction de la communication
1, avenue du Stade-de-France
93212 SAINT-DENIS-LA-PLAINE CEDEX

Nom .... Prénom ....
Adresse ....
....
....
Code postal .... Ville ....